Printed in the United States
By Bookmasters

الجذور الثقافية للديمقراطية
في الخليج
الكويت والبحرين

د. حسين غُباش

الجذور الثقافية للديمقراطية في الخليج الكويت والبحرين
(تاريخ الشعوب الصغيرة)

دار الفارابي

الكتاب: الجذور الثقافية للديمقراطية في الخليج
المؤلف: د. حسين غُباش
الغلاف: فارس غصوب

الناشر: دار الفارابي بيروت لبنان
ت: 301461(01) فاكس: 307775(01)
ص.ب: 11/3181 ـ الرمز البريدي: 2130 1107
e-mail: info@dar-alfarabi.comwww.dar-alfarabi.com
الطبعة الأولى 2010
ISBN: 978-9953-71-588-9

تباع النسخة الكترونياً على موقع:
www.arabicebook.com

إلى ذكرى

سيف غباش

شكر

أخص بالشكر أولاً الصديق عبد النبي العكري الذي ساهم بآرائه وملاحظاته الهامة في بلورة بعض جوانب هذا العمل. كما أشكر الصديق الدكتور حسن مدن على ملاحظاته القيّمة، وشرحه لتطور الحركات الإسلامية، والشيعية خاصة. وهي مسائل لم أكن على إلمام تام بخلفياتها. وكلا الشخصيتين الوطنيتين العكري ومدن، هما من قادة العمل السياسي والفكري في البحرين.

كما أشكر أيضاً الصديق أحمد الديين على توفير بعض المراجع الضرورية لهذا العمل. وأخص بالشكر الصديق واجد دوماني على دعمه المعنوي الكبير، وكذلك الدكتورة مريم سلطان والدكتور علي الشرهان، على تشجيعهما الدائم وملاحظاتهما الهامة. وأشكر أيضاً تاج البنا التي تكلفت بإدخال التصحيحات المتكررة بصبر ومهنية عالية.

الجذور الثقافية للديمقراطية في الخليج

مقدمة عامة

يكاد أول ما يلحظه المتأمل في تاريخ الخليج العربي هو بساطته. وعندما نتحدث عن الخليج، نعني الشق العربي منه، من عُمان حتى الكويت (لا يشمل المملكة السعودية). فسيرورته تبدو، من بعيد، شبه مستقرة. بيد أن مياهه الآسنة تنام على تيارات، ولصحرائه رمال متحركة. إجمالاً، لم تمر المنطقة بتحولات كبرى، لم تصنع تاريخها، بل أملته عليها القوى الخارجية، الكولونيالية بكل أشكالها، وآخرها بريطانيا، التي استباحت أرضها وشعبها وثقافتها، واستولت بالتالي على ثرواتها على مدى القرن ونصف القرن.

يبقى القول إن للخليج وجهاً آخر. إذ إن ما يتوجب تدوينه كتاريخ مشرق لهذه المنطقة، هو نضال الشعوب الطويل لتحقيق حلم الإصلاح السياسي، وتشييد دولة العدالة والمساواة واحترام المواطن. وهو مسار بدأ قبل سبعة عقود، ولا يزال مستمراً.

ثمة عوامل رئيسية صاغت تاريخ المنطقة الحديث ورسمت مساره: الحقبة الكولونيالية البريطانية الطويلة، التي دامت رسمياً قرابة القرن ونصف القرن، (1820 - 1970).

أنظمة الحكم الأسري، وليدة هذه الحقبة، وثقافة العشيرة. وهناك بالطبع الموقع الاستراتيجي، الذي غالباً ما فتح شهية الغزاة على مدى العصور. في التاريخ المعاصر، في الثلاثينات، أتى زلزال النفط ليغير مجرى التاريخ. وأخيراً، نضال الحركات الوطنية الإصلاحية والديمقراطية، في أكثر من بلد خليجي.

ينقسم هذا العمل إلى فصلين: يتناول الأول مسار الإصلاح في الكويت، من عام 1921، حتى استقلال الكويت عام 1961. وما تلاه من ممارسات لثقافة وطنية سياسية مميزة. ويتتبع الثاني التجارب الإصلاحية في البحرين منذ عام 1923، حتى مرحلة التحول إلى النظام الملكي عام 1999.

سيحاول هذا العمل، تقديم قراءة أنثربولوجية سياسية للتاريخ السياسي للكويت والبحرين. سنحاول تقديم قراءة معمقة للثقافة الوطنية التقليدية ودورها في صوغ الرؤية وتشريع المطالب الإصلاحية. إلى أي مدى أسست التقاليد والأعراف للفكر الديمقراطي؟

يهدف هذا العمل إلى إلقاء الضوء على تاريخ الشعوب، لا التاريخ الرسمي. وعلى نحو خاص الثقافة الوطنية التقليدية، وليس الثقافة الرسمية وليدة الحقبة الكولونيالية. سنتأمل خصوصياتها وثوابتها التي ولدت الحركات الإصلاحية

والحراك الديمقراطي، منذ عشرينيات القرن الماضي. هذا الحراك الذي مابرح فاعلاً على الساحتين الكويتية والبحرينية.

كما يأخذ على عاتقه تبيان كيفية التعامل الكولونيالي البريطاني مع هذه الظواهر التاريخية، وإيحاءات تشكل المجتمعات الحديثة. وبالتالي كيف عملت على إجهاضها في المهد، الواحدة تلو الأخرى؟ وكيف فرغت المجتمعات الخليجية من روافعها وقوى نهوضها، لتتحول إلى محميات بريطانية، مفرغة من هويتها الوطنية والثقافية؟

مبدأ المشاركة والديمقراطية

ثلاث فرضيات مؤسسة نسوقها في هذا العمل.

أولاً، إن مبدأ المشاركة العرفي التقليدي، هو مبدأ مؤسس للثقافة السياسية الوطنية.

وثانياً، إن كل الثقافات الإنسانية تحمل قيمَ مشاركةٍ ومساواة، وهي جوهرياً قيم ديمقراطية. هذا يعني أن كل المجتمعات مسوقة، بالضرورة، إلى إنتاج ديمقراطيتها الخاصة بها. لا جدال في ذلك. ولنا في التجربة الكويتية أولاً، وفي المحاولات الجادة في البحرين ثانياً، ما يكفي من الدليل لإثبات فرضياتنا. وإنه لولا تمكّن الكولونيالي من فرض سيطرته على المنطقة، وتفكيكه للنسيج الاجتماعي، وبالتالي ضرب ثوابت الثقافة الوطنية، لتمكنت هذه المجتمعات الصغيرة من أن تبني نظمها الوطنية الديمقراطية الأصيلة.

فالقاعدة هي أن كل أصيل، أكان عرفاً أو تقاليد، مسوق، بقوة الواقع، بحكم حركة التطور، بأن ينمو ويتشكل لو تمت المحافظة عليه.

ثالثاً، إن طبيعة الثقافة التقليدية، المرتكزة على مبدأي التفويض والمشاركة، لا يمكن أن تنتج نظماً استبدادية، ناهيك عن ثقافة استبدادية. سنرى كيف كان للثقافة الوطنية تأثير مباشر في حركة التاريخ الوطني، وفي إنتاج التاريخ الوطني.

إن الإرباك في الثقافة الوطنية، نتيجة لدخول العامل الكولونيالي إلى الفضاء الخليجي، أدى إلى انقطاع السيرورة التاريخية، كما أخذ منعطفاً تاريخياً جديداً، هو التاريخ الرسمي. وفي خلاله ظهرت نظم الاستبداد والتسلط. بهذا المعنى، فإن ثقافة الاستبداد ليست نبتة طبيعية، بل نبتة زرعت قسراً في الثقافة الوطنية في منطقة الخليج العربي. قبل البدء بمناقشة طبيعة الحركات الإصلاحية والديمقراطية ومساراتها، في الكويت والبحرين، يتوجب علينا التعرف أولاً إلى طبيعة الديمقراطية وماهيّتها. التعريف الحقيقي للديمقراطية يسمح لنا بتقصي القيم، والتقاليد، والممارسات الديمقراطية في الثقافة الوطنية التقليدية لشعوب المنطقة.

هنالك "تعريفات" عامة متعددة. لكنها تصف وتشرح، ولا تعرف. والحال أن تعدد تلك "التعريفات" غير الدقيقة لم يضفِ على المسألة إلا غموضاً إضافياً بدلاً من أن يسهم في

توضيحها. والتعريفات العامة المكررة، مثل "حكم الشعب"، أو "حكم الأغلبية"، لا تجعلنا نتقدم كثيراً في هذا الشأن. جميعها لا تقدم تعريفاً للديمقراطية، ولا تُحيل إلا على النظم السياسية. وهذه إحدى الإشكاليات الواجب إزاحتها عن طريقنا للوصول إلى المفهوم، إلى فكرة الديمقراطية. لا معرفة حقيقية دون مفهوم واضح وتعريف محدد.

ما هي فكرة الديمقراطية، ما جوهرها؟ هل هناك ديمقراطية أم ديمقراطيات؟ هل الديمقراطية نظام سياسي، أم قيمة ثقافية متأصلة؟ هل الديمقراطية منهج أم عقيدة؟ أهي غاية أم وسيلة، أم نمط حياة؟ ما علاقة الديمقراطية بتقاليد الشعوب وأعرافها؟ هل تُبنى خارج ثقافات الشعوب أم يجب أن تنبع منها؟

البرلمانات المنتخبة، نظم فصل السلطات، الحريات العامة، المساواة أمام القانون، هي من خصائص الأنظمة الديمقراطية، لكنها لا تعرفها. إنها تظهر الديمقراطية تعمل في الحياة السياسية. يبقى القول، إن الديمقراطية، التي تبدو سهلة الاستدلال، أقله في الشكل، تظل متعالية على التبسيط السياسي، وتبدو للوهلة الأولى، عصية على التعريف.

بحسب أرسطو، " إن طبيعة شيء ما هي فكرته أو شكله". يبقى أن الشكل شكل، والجوهر جوهر. لذلك، التعرف إلى الشيء يستوجب التعرف إلى فكرته. الشكل الخارجي المعروف للديمقراطية، هو "حكم الشعب" عبر

ممثليه. أو ما يُسمّى بحكم الأغلبية، وهو تعبير تعوزه الدقة، ولا يستقيم نظرياً. لأنه من غير الطبيعي، كما يقول روسو (J.J. Rousseau) ، أن تحكم الأغلبية الأقلية (*). من جانبه، توكفيل، (de Tocqueville) ، يحاول تعريفها كالتالي، " تبعاً لمقول الكلمات الحقيقي: حكومة يشارك فيها الشعب بنصيب متفاوت"، مضيفاً أن: " معناها مرتبط ارتباطاً حميماً بفكرة الحرية السياسية" (1). هذه مقاربة جوهرية، إلا أننا نعتقد بأنها تميل أكثر إلى شرح الديمقراطية أكثر من تعريفها.

اسبينوزا، (Ispinoza) يقدم لنا جملته الشهيرة، "الديمقراطية هي قريبة إلى المنطق وإلى الطبيعة البشرية". تنطوي هذه الجملة على إيحاءات عميقة، على فكرة الديمقراطية، وهي أكثر الطروحات دعوة إلى التأمل. والسؤال يستولد آخر. هل هي قريبة، فعلاً، أم ربما مكون من مكونات الطبيعة البشرية، وكيف؟ أليس ثمة قيم أخرى، من تقاليد

(*)   أي أغلبية تلك التي تحكم؟ أهي أغلبية الشعب، أم أغلبية من يجوز لهم الإدلاء بأصواتهم؟ وهم في هذه الحالة لا يشكلون إلا نصف من يحق لهم التصويت. من يحكم إذن، هم ممثلو النصف من المصوتين. إذن، هم ربما ربع المجتمع.

(1)   Prelot (M.) & Lescuyer (G.), Histoire des idée politiques, Paris, Dalloz, 1990, p. 561

وأعراف، تعكس ربما جزءاً أساسياً من الطبيعة الإنسانية، وتمثل في الوقت ذاته مكوناً من المكونات الثقافية للديمقراطية، وربما شرطاً لتحقيقها؟

أياً كان الأمر، تعطينا هذه الجملة المفتاح النظري لتعريف الديمقراطية. لنبدأ بالقول أولاً، إن الإنسان هو كائن اجتماعي. إذن، كائن ثقافي، يتغذى من هويته، من قيمه، من إرثه الثقافي. والتراث هو في المقام الأول المخزون المعنوي والروحي للشعوب. ثم إن نزعة الحق، والتوق الأزلي إلى المساواة والحرية، ومشاعر التضامن والحاجة للمشاركة، ألا تمثل كلها قواسم مشتركة في التراث الإنساني؟ أليست هي مكوناً أساسياً للطبيعة البشرية؟

لنحاول أن نُخضع مفهوم الديمقراطية لامتحان أكثر دقة. إن فكرة الديمقراطية، أي المضمون، تكمن، إجمالاً، في فعل مشاركة الشعب في حكم ذاته. وإن كان بصيغ مختلفة. بهذا المعنى، " المشاركة " هي الديمقراطية. يبقى أنه وإن دل على الشكل، أيضاً، إلا أنه يشير إلى عامل ضمني، إلى محرك داخلي. لذلك فالمفهوم ذاته يحتاج إلى مزيد من التعمق، لنتمكن من الوصول إلى الجوهر، إلى الفكرة.

ولئن أدركنا أن النظام الديمقراطي يمنح المواطن حرية المشاركة ويجعله حراً، فاعلاً في الحياة العامة، صانعاً تاريخه، ندرك أن فكرة الديمقراطية، تمنح المواطن حق الفعل، أي حقاً من حقوق المواطنة. هنا يتبين لنا أن القوة الضمنية المحركة للديمقراطية، هي " الحق"، الكامن في

فعل المشاركة. والحق قوة، أزلي ودائم الحضور. وهو جوهر الجوهر.

يمكننا هنا إذن، أن نُعرف الديمقراطية، بـ "حق المشاركة". فهو يجمع بين الحق، بمفهومه الحقوقي، والفعل، بمفهومه السياسي والثقافي. أي حق إبداء الرأي وحق الاعتراض. حق منح الشرعية أو إسقاطها. هكذا، تظهر لنا الديمقراطية ليس قريبة من الطبيعة البشرية فحسب، بل جزءاً منها. بهذا المعنى، هي لا تمثل إلا تجليات العدل والمساواة، في الحياة العامة. هي ليست إلا تعبيراً عن الحاجة الوجودية للإنسان. وهي عناصر مؤسسة لكل الثقافات الإنسانية. ولا يمكن لأي مجتمع كان أن يزدهر في ظل نظام لا يعطي هذه المبادئ المؤسسة أولوية.

وفق منطوق الفكر السياسي، إن الحاجة للمشاركة في الحياة العامة، هي من الحاجات الأكثر ضرورة في الحياة. لأنها شرط استقرارها وتقدمها. وكل تلبية للحاجات الأخرى، لا معنى لها في غياب حق المشاركة. المشاركة، إذن، هي الفعل في الوجود ـ أو فعل وجود. إن أول ما يقودنا إليه هذا التعريف، هو أن كل المجتمعات الإنسانية، بما فيها البدائية، تملك شكلاً من أشكال "الديمقراطية"، لأنها تعيش حالة مشاركة، ولا تحيا إلا بفضل قيم التضامن. لم تتطور هذه الأشكال الأصيلة من الديمقراطيات الاجتماعية والثقافية، لفرز نظم سياسية. هذا

موضوع آخر له عوامله التاريخية والسياسية. لكن أهميتها تكمن في كونها البناء التحتي المتين، الحاضر لتشييد برلماناتها الخاصة.

يرشدنا هذا التعريف، إلى استخلاص النتائج الآتية. أولاً، إن الديمقراطية، قبل كل شيء، هي قيم ثقافية، تشكل حالة ذهنية، يعبر عنها نمط حياة. ولا يمكن بالتالي اختزالها إلى آليات ونظم سياسية فحسب. فهذا التبسيط يفقدها دلالاتها الأعمق ويعرضها للتشويه. وثانياً، إنه لا يمكن فكرياً القبول بصفتها الحصرية الأوروبية، على ما تمثله الديمقراطيات الأوروبية من مثال يحتذى به. فهي، لاشك، أهم ما أنتجه الفكر السياسي في بناء الدولة الحديثة. يجب وضع الديمقراطية، إذن، في بعدها الثقافي الأشمل، أي بعدها الإنساني. وهنا تتحول إلى مشترك عام للبشرية، لا شرقية ولا غربية. تتجاوز الجغرافيا وتتحرر من محدودية السياسة. البيئة الثقافية التقليدية العامة في الخليج من أجل الإمساك بالجذور الثقافية للديمقراطية في المجتمعات الخليجية، يتوجب علينا الرجوع إلى منبت الثقافة السياسية. البيئة الاجتماعية والثقافة التقليدية، هما أرضية الثقافة السياسية الوطنية. هما الفضاء الخليجي المشترك، الذي كان سائداً قبل وصول الكولونيالي البريطاني عام 1820.

سنحاول هنا الكشف عن مصادر الثقافة السياسية التقليدية. وجدير بالذكر أن مصطلح "الثقافة التقليدية" غالباً ما يعُطى مدلولاً سلبياً، في حين أن صفة "التقليدية"، هنا، ليست إلا للدلالة على أصالة الثقافة ودورها الإيجابي في التاريخ. فهي البيئة التي نمت وأثمرت فيها منظومة القيم، ومنظومة الأعراف، السياسية والأخلاقية والحقوقية، بل والفكر الإصلاحي الديمقراطي ذاته. وعلى نحو خاص في عُمان الكويت.

يتوجب علينا، إذن، أن نتلمس خصائص الثقافة التقليدية، مراكز القوة والضعف فيها. نحاول الإمساك بالنبض الإصلاحي الداخلي في المجتمعات الخليجية. علينا الاستدلال على طبيعة السلطة وعلاقة الحاكم بالمحكوم. معرفة مصدر شرعية السلطة، وموقع الفرد من الجماعة، فضلاً عن مسألة انتقال السلطة من حاكم إلى آخر. كيف تتم وبأي آلية تقليدية، وما قيمة الآلية في مسألة تثبيت الشرعية، وضمان استقرار النظام السياسي، الاجتماعي والوطني؟

بين القبيلة والعشيرة

إن طبيعة الثقافة هي التي تحدد طبيعة السلطة. ثمة مسألتان تشكلان مرتكزي الثقافة السياسية. طبيعة السلطة، مصدر شرعيتها التقليدية، شروط استمرارها. ومكانة الفرد

وعلاقته بها. يقوم البناء الاجتماعي على قاعدتي القبيلة والعشيرة، وإلى حد ما الأسرة. المفتاح الرئيسي لفهم الثقافة التقليدية بصورة أدق، هو في معرفة الفوارق الجوهرية بين نظام القبيلة، المولدة للشرعية، ونظام العشيرة، أو النظام الأسري المحدود. ولكليهما ثقافته الخاصة.

الفارق الجوهري بين القبيلة والعشيرة، هو فارق بنيوي، وعلى نحو ما ثقافي. فطبيعة السلطة في العشيرة، على نقيض النظام السياسي في القبيلة، وراثية. ولا تحكمها بيعة أو إجماع. وغالباً ما يقع الكُتّاب والمؤرخون الأجانب والعرب في هذا الالتباس الشائع (2).

---

(2) من النماذج التي يمكن تقديمها لسوء الفهم السائد حول مسألة القبيلة والعشيرة ما نجده بيناً في كتاب "صراع القبليّة والديمقراطية: حالة الكويت"، للدكتور خلدون النقيب. هو لا شك عمل يفترض أن يكون جادا لعالم اجتماع معروف. يتضمن الكتاب دراسات كتبها المؤلف في بحر عشرة أعوام.

الفكرة المركزية للعمل هي أن القبليّة، "بمعنى العقلية القبلية"، كانت العائق الرئيسي لتقدم المجتمعات الخليجية، والعقبة الكأداء لبناء الديمقراطية في منطقة الخليج. وقد لا نختلف من حيث المبدأ. بيد أن الخلل المنهجي في كتاب النقيب هو فقدانه للتعريف. فهو لا يُعرف القبيلة التي أنتجت القبليّة، قبل أن يقدم وصفاً لانتماء أعضائها. ولا يُعرف الديمقراطية التي سيعالج نشأتها وتطورها في الكويت، وبشكل جيد، بل يكتفي بوصف القبليَة على النحو الآتي، " إن القبليّة، كما =

تُعرَف القبيلة في الأنثربولوجيا السياسية بـ "مؤسسة سياسية". " une société politique" . لكونها مخزن القيم والتقاليد، والأعراف.

نفهمها، هي في الأساس مبدأ تنظيمي يحدد الأطر العامة للعضوية في الجماعة حسب تراتبية تنظيمية، وهي رابطة موحدة الغرض مبنية على التحالف بقدر ما هي مبنية على النسب و(القربى). وتمثل عقلية عامة، مستمدة من الانتماءات والولاءات "الوشائجية"، المنغرسة في أعمق أعماق وجدان الجماعة."

لكن ما ماهية هذه الجماعة، القبيلة، وجوهرها؟ ما هو الفرق البنيوي والثقافي بين العشيرة والقبيلة؟ خاصة وأن كل الأنظمة الخليجية تحكمها إما عشائر وإما أسر، باستثناء عُمان التي تحكمها قبيلة آل بوسعيد، آل صباح في الكويت، وآل الخليفة في البحرين، ليسوا قبائل، بل عشائر، انحدرت من قبيلة واحدة في الجزيرة، هي قبيلة عنزة. وطبيعة الحكم فيها وراثي.

ما هو تعريف القبيلة؟ أليس هي حاضنة ثقافية، ألم تنتج تقاليد، وقيماً، وأعرافاً؟ كيف يتخذ القرار في القبيلة؟ هل نظام الحكم في القبيلة اختياري أم وراثي؟ كيف يؤثر ذلك في الثقافة السياسية؟ وما هي طبيعة الثقافة السياسية التي تولدت ونشأت في حاضنتها؟ ثم هل الديمقراطية =سياسية أم ثقافية، لماذا وكيف؟ وأخيراً، هل المجتمعات قادرة على إنتاج ديمقراطيتها الخاصة؟ هذا ما لا يجيب عنه النقيب. وهذا ما سوف نحاول الإجابة عنه في هذا العمل. النقيب، خلدون. صراع القبليّة والديمقراطية : حالة الكويت. دار الساقي لندن، 1996. (سنرى لاحقاً قراءة مغايرة للمؤرخ البريطاني، إدوارد هندرسن لمسألة القبيلة وتقاليدها. وهو يعزز فرضيات العمل).

هي، إذن، مخزن الإرث الثقافي التاريخي للإنسان، وكون القرارات لا تتخذ في حضنها إلا بالتشاور، بالإجماع، بالالتزام الأخلاقي والمعنوي.

تتمحور الثقافة السياسية في نظام الحكم التقليدي، على مركزية البيعة. أي على مبدأ الاختيار الحر للحاكم. اختيار الأجدر. وهو لا ريب يحمل، أقله رمزياً، مضمون الانتخاب. هو الانتخاب التقليدي. وما البيعة إلا عقد اجتماعي. هي جوهرياً عملية منح الثقة لمن تختاره الجماعة، الأمة. هي المبدأ الذي يضمن شرعية السلطة السياسية، ولا شرعية دون ذلك. كما أنها تجسيد للحرية الجماعية. وحاكم القبيلة ليس مخلداً، بل يحق لمن يحكمهم عزله واستبداله، غالباً في حالة انحرافه عما ترسمه الشرعية.

سنميز هنا بين الحكم التقليدي، الذي يعبر عن تقاليد عريقة، أصيلة، مبنية على قاعدة "الإجماع والتعاقد"، و"الحكم الأسري"، الوراثي، الذي أتى به الكولونيالي وأرساه، كما سنرى، وينعت أحياناً بـ"الحكم التقليدي". وهو وصف معمم، لا يخلق إلا إرباكاً في التشخيص السياسي والتحليل.

لكل نظام ثقافته ورؤيته للإنسان والوطن. إن عملية منح الثقة والالتزام بقواعدها في ثقافة القبيلة التقليدية، الثقافة الوطنية، أنتجت الثقافة السياسية، أي الثقافة المشاركة، المشيدة على قاعدة "الإجماع والتعاقد". وقد أرست بدورها

الأسس لثقافة المواطنة. ويجد كلا الطرفين المتعاقدين كرامتهما ومكانتهما الطبيعية في المجتمع. والفرد، هنا، كائن عضوي، منتمي. هو ذات اجتماعية واعية لذاتها ومكانتها. والشعور بالذات، هو شعور بالوجود، بالديمومة. إذن، حق المشاركة يستولد حق المواطنة. لا مواطنة دون مشاركة.

ولئن كانت مكانة الفرد في الثقافة التقليدية، كونه عضواً فاعلاً، مصونة ومحترمة، فإن وضع الفرد في العشيرة، حيث يشكل رابطة الدم والولاء للزعيم مرتكز ثقافته، لا يحظى بمكانة خاصة. وهذا النوع من العلاقة لم يؤسس إلا لثقافة الرعية، ليس بمفهومها الديني، بل الرعية بمفهومها العشائري. مفهوم التابع والمتبوع.

فضلاً عن ذلك، هنالك التمايز في المواقف من السلطة. فموقف عضو القبيلة من السلطة موقف احترام لها، لأنه أنتجها. أما موقف عضو العشيرة من السلطة فموقف خوف وريبة. في الحالة الأولى احترام السلطة فيه احترام للذات. في الثانية الشعور بالخوف ينتج شعوراً بالعجز والذل. في الأولى هناك بيئة أمان واستقرار، وفي الثانية بيئة قلق واضطراب، إما داهم وإما مؤجل.

هذه الحقائق تعمّق إحساس عضو القبيلة بالانتماء، وتمنحه الشعور بالمساواة والحرية، كما تعطيه طاقة معنوية ضرورية للحياة الكريمة. والإنسان المنتمي، دائم التمسك

بمبادئه الوطنية. متحصن بثوابت ثقافته وقيمها، التي توفر لحياته عمقاً ومعنى.
إن التقاليد التي مهرها الزمن وأصّلتها الممارسة، تتحول إلى أعراف تجسد الإرادة العامة،
محصنة بقوة معنوية وأخلاقية ملزمة. وتتحول إلى مؤسسة ثقافية تضبط إيقاع النظام
السياسي وتضمن السلام الاجتماعي، كما ترسم تاريخ البلاد. هكذا تحول عرف البيعة،
العرف المؤسس، إلى قانون طبيعي، منحوت في الثقافة، لا مجال لتجاوزه دون عواقب
تشمل البلاد والعباد. فهو كفيل بمنع انحراف السلطة السياسية تشمل مسارها الوطني.
وهو كفيل بتحصين المجتمع من الاستبداد والضامن لوحدة الأمة.

جوهر هذه الثقافة التقليدية هو المشاركة. وما هي إلا تجسيد لقيم المساواة.
والمساواة، وليس الحرية، عند توكفيل، هي مطلب الشعوب الأبدي. ففي المشاركة
اعتراف واحترام للآخر، لإنسانيته، ولحقوقه المقدسة. المشاركة بوصفها حالة انبعاث
مستمرة، حالة شعور دائم بالانتماء، بالمواطنة. هي فعل مواطنة.

فضلاً عن ذلك، إن تجاوز مبدأ العرف، يمثل انقلابًا على النظام السياسي، بل على
تقاليد المجتمع وقيمه. لا يُخلّ بالعلاقة بين السلطة والمجتمع وحسب، بل يُفضي إلى
تصدع البناء السياسي التقليدي، ويضعف البناء الاجتماعي. وهكذا، تضرب حالة
المشاركة، وتنتكس الثقافة الوطنية. وأخيراً،

تُكشف المجتمعات، وتكون، بالتالي، عرضة للمؤثرات الخارجية. أي إن المجتمعات تفقد سيادتها.

يبقى أن ثمة مبادئ وتعاليم إسلامية مرادفة، ملزمة للحكم العادل الصالح، "وإن حكمتم فاحكموا بالعدل"، و"أمرهم شورى بينهم"، وغيرهما. تبقى هذه التعاليم الدينية، حتى وإن لم تعد تطبق، المرجعية الفكرية والروحية لمفهوم السلطة. تبقى محركاً وجدانياً وأخلاقياً لشعوب المنطقة. وإذا أضفنا مقتضيات التقاليد والأعراف مع إلزامية التعاليم والمبادئ الإسلامية، يمكننا الجزم بأن الثقافة التقليدية لا يمكنها أن تستبطن بذور الاستبداد. بل الخروج عليها يؤدي يقيناً إلى ذلك.

ومهما يكن، علينا توخي الحذر عند المحاولة لفهم الثقافة السياسية للقبيلة. فمؤسسة القبيلة، ربما كأي مؤسسة سياسية أخرى، لها جوانبها الإيجابية والسلبية. فإلى جانب كونها المخزن الثقافي، هي، أيضاً، مخزن للعصبيات والتمرد، خاصة في حال انفلاتها. وغالباً ما يعود ذلك إلى ضعف الحكم المركزي. فهي إيجابية عندما تنحاز إلى المشترك الوطني العام، تنحاز إلى جانب الحق وتطالب بالعدل في الحكم وتثور للدفاع عن البلاد، وهي العصبية السلبية عندما تنجر بغرائزها، عند فقدانها القيادة الحكيمة، إلى نزعة التفرد والثأر أو الانتقام.

يبقى أن الولاء الثابت للقبيلة هو للقيادة الشرعية،

المختارة من رجالات القبيلة ذاتها، أو الإمامة، كما في الحالة العُمانية، حيث تخضع لها القبائل الأخرى. وقد أثبتت التجربة في عُمان أن القبائل يمكن أن تتخلى عن عصبياتها طوعاً وتخضع لحكم مركزي، شرط أن يكون منتخباً، ليكون بالتالي شرعياً وعادلاً، وحينئذ يكون الخضوع له واجباً شرعياً ووطنياً. واللافت أن من القبائل العُمانية من انتخب شخصيات من قبيلة أخرى لتتزعمها. فلا يمكن أن يدل ذلك على تعصب قبلي (3).

* * *

_____

(3) على النقيض تماماً من رؤية خلدون النقيب، يصف المؤرخ البريطاني، إدوارد هندرسن، في كتابه "ذكريات من الأيام الأولى في دولة الإمارات وسلطنة عمان"، بعض الخصائص الهامة في الثقافة القبليّة. إذ يقول، إن للبدوي أو رجل القبيلة الشعور الدائم بأن مصلحة وخير القبيلة ككل تأتي قبل مصلحته المباشرة والخاصة. فعليه أن يضحي =بنفسه في أية لحظة من أجل قبيلته. وهنا لا يبرز التمسك بالعصبية القبلية فحسب، بل الشعور بإنكار الذات والفروسية. والاستعداد للتضحية بالنفس، وجميع هذه الصفات تجتمع لتكون ما يسمى بالمروءة. وهي كلمة يصعب ترجمتها وتفسيرها لأنها تحمل جميع المعاني المتعلقة بالشرف والنبل والشهامة.

أهمية النظام القبلي أنه ليس وراثياً. فالحكم للأجدر لا للوريث. يرى هندرسن، بأن سر الترابط يكمن في تثبيت الولاء أو البيعة. حيث يتم

الاستعمار، كما يقول فرانز فانون (Franz-Fanon) ، هو تنظيم الاحتلال وإدارته بعد الغزو. دشنت الحقبة الاستعمارية بشكل رسمي، في منطقة الخليج، بعد ضرب الأسطول العُماني أولاً، في نهاية القرن الثامن عشر، ومن بعده أسطول رأس الخيمة، أسطول القواسم عام 1819. وعلى أنقاض مدينة رأس الخيمة المدمرة، هي وسفنها البالغ عددها 200، تم فرض المعاهدة العامة على زعماء قبائل المنطقة، المعروفة، آنذاك، بـ"ساحل عُمان"، عام 1820. تبعها ما عرف بالاتفاقية المانعة، التي فرضت أولاً على عُمان عام 1892، وبعدها على مشيخات الخليج الأخرى.

وهي في الواقع ليست أقل من صك ملكية المنطقة لبريطانيا. لأنها ببساطة منعت أي حاكم من أن يتصرف، يبيع، ويؤجر أي قطعة من بلاده إلا بموافقة بريطانيا. ومع

=اختيار القائد من قبل مجموعة من الشيوخ، أو كبار السن في القبيلة. ثم يجتمع الناس ويمنحون الشيخ الجديد بيعتهم. وهكذا، يحصل الزعيم على شرعيته.

ويذكر، بأن القائد يظل خاضعاً لسلطة الجماعة. فالقائد الذي يتفرد في الحكم ولا يستشير غيره، يلفت رجال القبيلة نظره إلى ذلك. ويبلغونه أنه إذا لم تحظ قراراته بالمساندة والتأييد، فإنها لا تعتبر سارية المفعول وقائمة. وبالتالي، يتم عزله، واستبداله بآخر. انظر. هندرسن، إدوارد. ذكريات من الأيام الأولى في دولة الإمارات وسلطنة عمان. موتفيت للنشر.دبي 1992. ص.ص.44-45.

ذلك، ستتبعها معاهدات واتفاقيات إذعان أخرى، أخذت عدة أسماء وعناوين، منها العلني ومنها السري، أكملت، في مجملها، السيطرة الكولونيالية، وأدخلت بريطانيا في كل تفاصيل الحياة السياسية، الاقتصادية، القانونية، والثقافية. وقد أفضت هذه التعهدات إلى تثبيت مكانة بريطانيا كمرجعية عليا وحيدة لكل حكام المنطقة. وستبقى كذلك على مدى القرن ونصف القرن.

يبين لنا المسار الحدثي أنه بعد إخضاع البلدان بالقوة العسكرية، فرضت ترسانة تعهدات وضعت الأسس والآليات " القانونية"، التي حولت المنطقة بموجبها إلى " بحيرة بريطانية". بيد أن ما هو أدهى وأمر سيأتي لاحقاً. إذ عمد الإنجليز إلى العبث بكيان الإنسان ومجتمعه. فوضعت سياسة " التحالفات"، يدعم بمقتضاها الانجليز العشيرة الأقوى في القبيلة، أو الشخصية الأقوى في العائلة، ليحصر السلطة فيها، وبالتالي يتفرد بها. وقد أفضت هذه السياسة إلى تفكيك البناء الاجتماعي التقليدي وأعادت تركيبه من جديد، على نحو يخدم هيمنتها واستراتيجياتها.

وكنتيجة لذلك، تحولت العشيرة، المنشقة من مجتمعها، إلى حليف قوي للكولونيالي داخل البنية الاجتماعية، وفي تعارض تام معها. فلم يعد ثمة مشترك وطني عام. وألغي المفهوم التقليدي للوطن والأرض. وسينعكس ذلك على الشأن

الداخلي كما الخارجي، وعلى مسألة الأمة والقومية خاصة. فبقدر ما يضعف البناء الوطني، يضعف الرابط القومي كذلك. وهكذا دخلت منطقة الخليج كلها في الفضاء الكولونيالي.

إن ضرب الأساس يصدع البناء ويهدمه. أفضى هذا العبث بالبناء السياسي والنسيج الاجتماعي، إلى تفكيك الثقافة السياسية التقليدية، وإلى ضرب عناصر القوة فيها. وسرعان ما أخذت مساراً اضمحلالياً. وبتغير البيئة الثقافية أسقط مصدر شرعية السلطة، وألغيت الأعراف والتقاليد الخاصة بشؤون الحكم والقيادة، وأسقط مبدأ "الإجماع والتعاقد"، وضربت الإرادة العامة.

وعندما تكفّ الحكومات عن التعبير عن المشترك الوطني، أي لا تعد تعبر عن المصلحة الوطنية العامة العليا، يتبدل جوهر العلاقة بين الحاكم والمحكوم جذرياً، ويبدأ الحكم بالتفرد. يبدأ الانقلاب الكامل على كل الموروث الثقافي. ففي هذا المسار القسري، تكونت السلطات الجديدة خارج إطار الثقافة التقليدية، والتفت عليها، وبالتالي فرضت نفسها كقوة مسيطرة على المجتمعات من خارجها، من خارج الشرعية التقليدية. هكذا، بدأت ثقافة الاستبداد تحل محل ثقافة المشاركة التقليدية. وهكذا، توقفت السيرورة والصيرورة الطبيعية للمجتمعات الخليجية.

أفضى هذا التحول الكبير إلى إضعاف موقع الفرد في

معادلة السوسيو-بوليتيك، التقليدية، وبالتالي، تهميش دوره تماماً. تحول، إذن، من عضو فاعل في حياته، من مواطن له صوت وموقف، إلى تابع لإحدى العشائر، المنسلخة من القبيلة، سواء الحاكمة أو المحكومة. وبانفصاله عن الرابط الجماعي، ضعف الرابط المعنوي بوطنه، وتدريجاً سيطرأ تحول جوهري في طبيعة الانتماء.

بتغير واقع الإنسان الاجتماعي تغيرت ثقافته ومعها تصوره للوطن، للحاضر والمستقبل. بدأ الولاء للحاكم، للعائلة، للسلطة، يأخذ الأولوية على الانتماء إلى الوطن. وأعيد صوغ العلاقة، التعاقدية سابقاً، إلى علاقة نفعية قائمة على المصالح المادية البحتة. وتشكل نمط الاقتصاد الريعي. وهو أمر يحتاج إلى معالجة خاصة. فكل شيء ملك للحاكم، هو يوزع الثروة والعطاء كما يشاء، ولمن يشاء، وفق منسوب الولاء والطاعة.

ضمن هذا الخلل في البناء الاجتماعي، ولدت "ثقافة الرعية". وهي النقيض لثقافة المواطنة. ثقافة لا تخلق الإنسان الحر المسؤول، بل الإنسان المستلب، فاقد الإرادة، اللامنتمي. وبقدر ما تثبت سلطة العائلة أكثر، بقدر ما يضعف الرابط الوطني، ويهمش الموروث والمشترك العام بين المواطنين. أفضى هذا الواقع المبتسر إلى خلق أقطار تابعة،

31

ومجتمعات سطحية وثقافة مشوهة. خلق إنساناً مقهوراً ومستسلماً طوعاً أو قهراً.

ستمثل هذه "الثقافة"، التي ولدت من رحم العشيرة، وفي الوعاء الكولونيالي، إطاراً للتاريخ الرسمي. وستتحول هذه الأقطار، خلال الحقبة الكولونيالية، إلى ملكيات أسرية، عائلية خاصة. وهذه النظم لا يمكن، أبداً، أن تبني مواطنين، بل أتباعاً. كيف يمكن أن يكون الإنسان مواطناً في ملكيات خاصة؟

فضلاً عن أن ثقافة " الكولونيالية- العشائرية" لا تقبله إلا تابعاً، طائعاً، ولا تسمح له أن يكون إلا كذلك. والدليل أن الإنسان في الخليج لم يحصل، حتى بعد الاستقلال، (باستثناء الكويت وعُمان ومؤخراً البحرين)، على صفة المواطن الحقيقي، ناهيك عن حقوق ومقتضيات المواطنة.

هكذا، حدد مسار التاريخ السياسي الجديد. وارتبط وجود هذه "الأنظمة" واستمرارها بالوجود البريطاني. والأخيرة أضفت عليها شيئاً من "الشرعية التاريخية"، لكنها لن تكسب شرعية التطور التاريخي. لأنها أولاً، لم تكن مستقلة، وثانياً، لأن شرعية التطور التاريخي لا تبنى خارج إطار الشرعية الدستورية. في حين أن الكويت، مثلاً، اكتسبت ذلك بإقرارها دستور عام 1961، الذي نص على أن "الأمة هي مصدر الشرعية".

الحركات الوطنية الإصلاحية

منذ مطلع عشرينيات القرن، وبخط مواز للتاريخ الكولونيالي، بدأت تتشكل ملامح وجه التاريخ الوطني. تاريخ الشعوب. فقد ولد، من رحم الثقافة التقليدية أول مجلس في الكويت عام 1921. كان حدثاً مؤسساً، مشحوناً بالدلالات والرمزية. أتى المجلس كثمرة مقايضة تاريخية، تمت بين الشيخ أحمد الجابر، الذي طلب مبايعة أهل البلاد، أي تفويضهم له، وبين أعيان البلاد، الذين أرادوا، بدورهم، ممارسة حقهم الطبيعي، في أن يكون لهم رأي فيمن يحكمهم وكيف يحكمهم. لبى الحاكم طلبهم بمنحهم مجلساً يشاركه في الحكم، وبالمقابل منحوه هم الشرعية ليحكمهم.

جسد هذا الفعل المؤسس المضمون الديمقراطي التقليدي للثقافة الوطنية التقليدية. وسيرسي المجلس ثوابت ومبادئ الثقافة السياسية الوطنية. أهمها أن الأمة هي مصدر الشرعية، وأن للمواطنين الحق في اختيار من يحكمهم، وللمواطن الحق، عبر مجلسه، في المشاركة في الحكم. وستتحول هذه الثوابت الثقافية إلى مواد قانونية يحفظها دستور وطني حرص على التعبير عن كل مكونات الثقافة الوطنية.

وبعد 17 عاماً أتت الموجة الثانية. كانت مرحلة مفصلية

كبيرة. وانتخب الوطنيون مجلسهم عام 1938. كان حدثاً كبيراً بكل المقاييس. سيعيد المجلس، من جديد، التأكيد على الثوابت الوطنية ويعززها. وسيدخل إلى البلاد، ضمن جملة المسائل، الثقافة الدستورية بمفهومها الحديث. كما ستنتج عن هذه المرحلة مفاهيم جديدة للدولة، والمواطنة، والحقوق العامة والخاصة. وفي النهاية، سيحدد مسار البلاد وقدرها الديمقراطي.

بعد ستة أشهر من انتخابه، سيسقط الشيخ المجلس بدعم من الإنجليز. لكن فكرة المجلس ستظل ملهمة لنفوس الكويتيين. ستبقى محركاً داخلياً للفكر الإصلاحي الوطني. وفعلاً، وبفضل الوطنيين الكويتيين سيكتمل المسار، أخيراً، بوضع دستور البلاد عام 1961، ثم بانتخاب مجلس الأمة الكويتي عام 1962. وتتحول الكويت، في عهد الشيخ الديمقراطي عبدالله السالم، إلى منارة مشرقة في سماء الخليج المعتمة.

كما الكويت، كان للبحرين نضالها الوطني، وقدرها التاريخي. لم تفلح مثل الكويت. لم تتحقق أحلام البحرينيين. كان مسارها الديمقراطي متعثراً، لأن ثقل الاستعمار أشدَّ وطأة عليها. مع ذلك قدمت تجارب إصلاحية ستطبع التاريخ المعاصر للمنطقة بأسرها. ولدت أول فكرة لمجلس عام 1923، لكنها أجهضت في المهد.

ولأن الفكر الحقيقي لا يموت، خاصة إذا ارتبط بوجدان الشعوب، عادت المطالبة بالمجلس عام 1938. وقمعت المحاولة. وبعدها أتت هيئة الاتحاد الوطني عام 1956. ومع أنها لم تستمر إلا أشهراً معدودة، كانت مكثفة بالحوادث، بالفعل السياسي، بالدلالات، بالصراع الحقيقي، بالتآمر الإنجليزي، بالتحدي الوطني، كانت "ملحمة" صغيرة بحجم البلاد وأهلها.

هي الأخرى ضربت. لكن بعد أن جذرت الصراع وأعطته بعداً تاريخياً، وبعد أن جعلت من مطلب الحرية وحقوق المواطنة مسألة لا مناص منها. كما ستثبت الهيئة، أن الوعي القومي العام هو إحياء للوعي الوطني ومكمل له. وفعلاً، ستنتخب البحرين مجلسها الوطني الأول عام 1973.

يبد أن بريطانيا كانت دائماً بالمرصاد، فضربت كل الحركات الوطنية والديمقراطية. فالديمقراطية، التي ترمز إلى التقدم والرقي الحضاري ومثار تفاخر في المتروبول، مرفوضة في المستعمرات، لا بل، إن المطالبة بها تمثل جرماً يعاقب عليه بالسجن والنفي.

ولنتذكر، بأن الديمقراطيات الغربية، مع كونها أحد مكاسب الصراع في وجه الإقطاع والرأسمالية في الغرب، هي التي استعمرت العالم العربي،الأفريقي، والآسيوي.

فالديمقراطيات الغربية هي، أيضاً، غازية ومحتلة ومستعمرة، ولا تزال حتى يومنا هذا. وحتى حركة الأنوار الأوروبية التي طالما مجدت العقلانية ومبادئ الحرية والمساواة، لم تقبل ذلك للآخر، لم تقبل المساواة بالآخر، بل نظرت إليه بتعال وعنصرية. فهي ليست، كما يقول غارودي (R. Garaudy) ، حركة ثقافية فحسب، وإنما ميلاد الرأسمالية والاستعمار المتلازمين. أبعد من أن تكون ذروة " المذهب الإنساني"، حيث هدمت حضارات أرقى من حضارة الغرب في علاقتها بالإنسان والطبيعة (4).

استهدف القرار البريطاني، أساساً، فصل التشكل الوليد للإرادة العامة في البيئة المعاصرة، التي كانت مسوقة، بحكم جدلية التطور، بإرساء مبادئ العدل والمساواة، وتعزيز مفاهيم الانتماء الوطني والسيادة، وبالتالي خلق الأرضية الصالحة لبناء نظم ديمقراطية أصيلة، على غرار ما سوف نراه في الكويت لاحقاً. أفضى العبث البريطاني، إذن، إلى إعاقة آلية التقدم في المجتمعات الخليجية. وهكذا، حرفت عجلة التاريخ عن مسارها الطبيعي. وستتحول الحالة الكولونيالية إلى

---

(4) غارودي، روجيه، من أجل حوار بين الحضارات، ترجمة ذوقان قرقوط. بيروت 1990. ص. 11.

حالة ثابتة ضاربة الجذور في السياسة والاقتصاد، كما في الثقافة.

من جانب آخر، كانت الثلاثينات سنوات حاسمة في تاريخ الخليج المعاصر، وعلى كل مستوى. كان عصر اكتشاف النفط، وزمن التحولات الكبرى. وقد أفضت هذه التحولات إلى خلق انقلاب في بنية المجتمعات الخليجية الضعيفة أصلاً. ومن ثم أعادت صياغة بنائها الاقتصادي والاجتماعي كما بالطبع السياسي. وسيغدو لهذه الحقائق الجديدة تجلياتها الثقافية. أما عن مؤسسة الحكم الأسري، التي كان الكولونيالي ذاته يعتبرها في تقاريره متخلفة وبالية، فقد أعيد تزيينها بحيث تتمكن من تلبية متطلبات المرحلة الجديدة.

* * *

لم تعثر الهوية الوطنية في الخليج على دعائمها الحقيقية، إلا مع ظهور الفكر القومي العربي، الذي زفته ثورة 23 تموز/يوليو 1952، في مصر. حيث استيقظ أهل الخليج على هويتهم، وعلى اكتشاف انتمائهم، وعلى وعيهم بذاتهم القومية. فوجدوا مكانهم الطبيعي، التاريخي، الوجداني فيه. وهكذا حلت الهوية القومية، كحالة جامعة، منقذة، مكان

الهويات القطرية والمذهبية الفرعية، هويات الانشقاق والتشتت. مثّل الفكر القومي، إذن، الوعاء الثقافي لشعوب المنطقة. العروبة ليست نظرية سياسية أو أيديولوجيا، بل وصفة لحالة وجود وكينونة. وأخيراً، الوطنية ليست إلا شعوراً بالانتماء والعزة.

بدأ إذن، تاريخ الخليج العربي المعاصر، السياسي كما الثقافي، في النصف الثاني من القرن العشرين. ويمكن تقسيمه، إلى مرحلتين متباينتين متداخلتين، لكن غير متمايزتين تماماً. فالتاريخ السياسي، كما الاجتماعي والثقافي، لا ينقطع تماماً. إذ غالباً ما تسير المرحلتان جنباً إلى جنب، أو كما يحدث أحياناً، في حالات العنف والثورات، تتقدم واحدة على الأخرى. بيد أنه إذا تقدم الجانب السياسي، وهو غالباً الأسرع في التحول، لا يعني أن الاجتماعي أو بالتأكيد الثقافي، قد تقدما أيضاً. ذلك لأن لكل جانب سيرورته وصيرورته وإيقاع تطوره.

في الأولى، كان الخليج، معروفاً بالمَحْمِيّات البريطانية، مغيب الهوية الوطنية، مبعثراً اجتماعياً، موغلاً في ثقافة العشيرة والرعية. في المرحلة الثانية، بدأ المسرح مختلفاً تماماً. كان مشهد يقظة الانتماء الحقيقية. عبرت عنها الشعوب بأشكال مختلفة، لخصت في مجملها لحظة الوعي

بالذات الثقافية والوطنية. وضمن هذا التحول الثقافي التدريجي بدأت تتوالد جملة من المفاهيم السياسية الحديثة، مثل مفهوم الوطن والدولة والشرعية والسيادة وسواها، لتعزز بدورها ثقافة التحرر الوطني والقومي، في جدلية متماسكة. فبقدر ما يكون الإنسان وطنياً، يكون بالضرورة قومياً.

الفصل الأول

الكويت
عن ثقافة المشاركة والشرعية

"الدستور الذي أصدرناه ليس أكثر من تنظيم حقوقي لعادات معمول بها في الكويت. فقد كان الحكم في هذا البلد شورى بين أهله".

عبدالله السالم الصباح 1962

الجذور الثقافية للديمقراطية في الخليج

الجزء الأول:
مجلس الشورى 1921

ارتبط تاريخ الكويت الحديث بتاريخ عائلة الصباح، المنتمية إلى قبيلة العنزة، النازحة عن الجزيرة العربية، لتتخذ من منطقة الكويت (الكوت سابقاً)، وطناً لها في نهاية القرن الثامن عشر. ووفق مقتضيات الحياة العربية البسيطة، اتسم هذا الاستيطان بالاستقرار والتعاون مع القبائل الأخرى. بدأ المهاجرون بتنظيم شؤون مجتمعهم الجديد. وكان لا بد من حاكم مقبول من الجميع. وقد تم اختيار صباح الأول، الذي توسموا فيه الخير والإصلاح، حاكماً لهم. ووفق صيغة معبرة، بسيطة تم الاتفاق على أن يقوم الشيخ بتحمل أعباء الحكم، وأن يقوم السكان بتمويل الحاكم مادياً (1). سوف يكون للعامل الأخير الأثر الكبير في ترسيخ مبدأ البيعة، أي التفويض العرفي والمشاركة في الحكم. إذن، سيكون للاقتصاد، قبل خروج النفط، تأثيراً كبيراً في الفضاء السياسي.

---

(1) النجار (غانم)، مدخل للتطور السياسي في الكويت ، دار قرطاس للنشر، الطبعة الثالثة، الكويت، 2000، ص 7.

إن قيام أهل الكويت باختيار حاكمهم من عائلة الصباح بشكل طوعي، ومنحه ثقتهم، أمر ذو دلالة ثقافية وتاريخية كبيرة. الصباح ليست قبيلة، بل عشيرة، عائلة، انفصلت عن قبيلتها الكبيرة في الجزيرة العربية. ونظام الحكم كما نعلم في العشيرة هو وراثي. لكن ما حدث في هذه اللحظة التاريخية هو أن القبائل الكويتية المستقرة قبل وصول الصباح، هي التي منحت بيعتها ليكون الحاكم من عائلة الصباح. كانت صيغة التفويض التي وضعت بين الكويتيين ومرشحهم معبرة جداً.

بهذا الاتفاق الشفهي البسيط، ثبتوا مبدأين مؤسسين للثقافة السياسية في البلاد: مركزية عرف البيعة، أي منح الشرعية، وحق المشاركة. وما سيرسّخ هذين المبدأين أكثر، هو مساهمة أهل الكويت، طوعاً، بدعم السلطة، التي اختاروها، بالمال. ما يعني شراكتهم الفعلية في قيام السلطة وضمان استمرارها. ومن يعرف واجباته يعرف حقوقه كمواطن. ولا ريب أن من شأن هذه الصيغة الأصيلة أن تتطور مع تطور المجتمع والزمن. لأنها ولدت من رحم الثقافة التقليدية، ولأنها خلقت عناصر ديمومتها وديناميكيتها.

وهكذا، في عام 1921، توجهت عائلة الصباح بطلب من أهل الكويت منح بيعتهم لوريث الحاكم، الشيخ أحمد الجابر، ليحظى بشرعية تؤهّله لحكم الكويت. رد الكويتيون بأنه لا بيعة دون مجلس. لن يمنحوه البيعة، لن يفوضوه لحكمهم، ما لم يتعهد هو، كحاكم جديد للبلاد، بإنشاء

مجلس شورى من أعيان البلاد، تكون مسؤوليته الأولى مساعدة الحاكم على إدارة شؤون الحـكم فيها. هكذا، إذن، عبر هذا العقد الاجتماعي، بدأ التطبيق الرسمي لعرف المشاركة في النظام السياسي في الكويت. تقدمت مجموعة من الأهالي بوثيقة من خمس مواد، أتى فيها الآتي:

1- تنظيم بيت عائلة الصباح بحيث لا يظهر بين أعضائها خلاف حول تسمية الحاكم.

2- يعيّن الشيخ أحمد الجابر والشيخ أحمد المبارك والشيخ عبد الله السالم كمرشحين لمنصب الشيخ الراحل.

3- بعد موافقة الجميع على المرشح، يجب أن يوافق الحاكم على تعيين إحدى الشخصيات الثلاث المذكورة:

4- تتولى الشخصية المعيّنة منصب رئيس مجلس الشورى.

5- يتمّ انتخاب عدد معيّن من المسؤولين من بين أعضاء عائلة الصباح ومن بين السكان من أجل أن يديروا شؤون البلاد على أساس المساواة والعدل (2).

كان لهم ما أرادوا، إذ التزم الحاكم الجديد بنصوص وروح وثيقتهم. وفي ضوء ذلك، منح أعيان البلاد، كممثلين لأهل الكويت، التفويض للشيخ أحمد الجابر. وأصبح الحاكم

---

(2) Al-SABAH (Salem al-Jabir), Les Emirats du Golfe, histoire d'un peuple, Fayard, Paris, 1980. p181

الشرعي للبلاد (1921-1950). وفعلاً، تم تشكيل أول مجلس شورى (1921-1928). و قد ترأس الحاكم الجديد المجلس. وهكذا، وجد الحاكم والمحكوم مكانهما الطبيعي في وطنهما. كما ضمن للمجتمع تماسكه وانسجامه. كل ذلك شكل أرضية صلبة لأمن البلاد واستقرارها.

إذن، بفضل حق المشاركة، ممهوراً بشرط البيعة، إحدى المرجعيات المؤسسة للثقافة العربية الإسلاميّة، زرعت بذور الديمقراطية في ثقافة البلاد السياسية. كانت الخطوة الأولى في اتجاه المستقبل. ويمكن اعتبار هذه الوثيقة التاريخة، "عقداً اجتماعياً كويتياً". هي شهادة ميلاد الديمقراطية في الكويت.

ولئن كان البند الأول من الميثاق يعطي المجلس مسؤولية تنظيم بيت عائلة الصباح، كما يمنحه صلاحية الإشراف على انتقال السلطة في البلاد بشكل شرعيّ وسلمي، فقد أنيطت بالمجلس، إذن، مسؤولية تأمين استقرار المجتمع ونظام الحكم فيه. فمسؤولية الوطن مشتركة. وهذا البند العرفي، هو نص تأسيسي، يحمل الكثير من الدلالات التاريخية و الثقافية.

من الناحية الأنتروبولوجيّة السياسية، لطالما كانت هذه المسؤوليّة، وكما رأينا في المقدمة العامة، التي كلّف بها المجلس حديثاً، عُرفاً متأصّلاً في ثقافة مجتمعات بلدان الخليج، يمارسه أعضاء القبائل مع شيوخها وزعمائها، بشكل طبيعي وتلقائي. علماً أنه لم يكن ثمة نص مكتوب. لكن

العُرف كان ماثلاً. فهو منحوت في التقاليد، في الممارسة، ومرتبط بإحكام بمنظومة الأخلاق الجمعية للقبيلة. هكذا صار جزءاً مؤسساً من ثقافتها. وله من القوة والتماسك ما يتجاوز النص المكتوب، أو حتى الدساتير، التي غالباً ما تخرق ويتم تجاوزها. والعرف بهذا المعنى، يشكل عند احترامه، صمام أمان ثقافي، يحصن المجتمع ويضمن تماسكه.
مهما يكن من أمر، شكّل إنشاء المجلس، على الرغم من أنّه غير منتخب، مرحلة هامة في تاريخ الكويت. إذ إنّ موافقة الحاكم على فكرة إنشاء المجلس كانت في حد ذاتها اعترافاً بقوة التقاليد، وسيادتها في تحديد طبيعة السلطة وتنظيم العلاقه بين الحاكم والمحكوم. فقد اعترف الحاكم بحق المشاركة، وحق المشاركة يعني الإقرار بأن الشعب هو مصدر الشرعية.
بيد أنّ المجلس، أخذ في الاعتبار المعطى الزماني والمكاني، لم يكن يتمتّع بكيان مؤسسي أو دور فاعل. لم يتح له أي هامش لمشاركة حقيقية، ولم تكن اجتماعاته القليلة إلّا كناية عن لقاءات خاصة مع الشيخ. وظلّت سيطرة الحاكم عليه تامّة. وفعلاً، سرعان ما همّش، وفي عام 1928، اختفى نهائياً. بيد أنها كانت التجربة الأولى. وعلى محدوديتها، تبقى مرجعية للثقافة السياسية. وبالتأكيد، إن فكرة المجلس أهم من المجلس ذاته. والحال، إن فكرة المشاركة، على رمزيتها ومحدوديتها،

بشرت بتشكل ثقافة سياسيّة خاصة في البلاد، وبتشكل نواة الإرادة العامة. وسيأخذ الوطنيون الكويتيون على عاتقهم إثراء الأولى وتعزيز الثانية على نحو لافت جداً. ففي غياب الموارد المالية للحكام، أحدث التجار الوطنيون بثقلهم نوعاً من التوازن السياسي في البلاد. فتقديمهم الدعم المالي للحكام، إما إقراضاً وإما عطاء، سمح لهم بلعب دور وظيفي مؤثر في القرار السياسي. وبحكم تركيبتهم كتجار وطنيين وميولهم التحديثية في الشؤون الإدارية والجمركية والقانونية، شكلوا، قبل مرحلة النفط، قوة اقتصادية وطنية فاعلة في حركة الإصلاح بالمنطقة، ومنهم من قادها. وقد خرج من بينهم الكثير من المثقفين الذي ساهموا في بناء الكويت الحديثة.

المجلس البلدي

كان من ثمار ذلك الحراك، وفي أقل من عقد، انتخاب مجلس بلدي عام 1930. إذ، تقدمت بعض الشخصيات الوطنية من التجار بطلب إلى الحاكم، الشيخ أحمد جابر الصباح، للموافقة على قيام مجلس بلدي، تم انتخابه من الأهالي للاهتمام بالمدينة و تطوير الحياة فيها.

وما يلفت النظر، حقاً، ليس فكرة المجلس المبكرة في المنطقة، بل أكثر من ذلك، استعداد أصحاب الفكرة لتمويل

المشروع مادياً. إذ اقترحوا فرض ضريبة على أنفسهم، لميزانية المجلس، تجبى من الضريبة المفروضة على وارداتهم من البضائع. حددت بمقدار أربعة بالمائة من حجم الضريبة الجمركية الإجمالية. الفكرة الإصلاحية كانت منهم، والتمويل منهم، ولم يكن على الحكومة إلا الموافقة.

إزاء هذه المشروع الإصلاحي المتقدم آنذاك، وافق الحاكم على تشكيل المجلس. وفعلاً، اجتمع خمسون شخصية، كممثلين للعائلات الرئيسية في الكويت، وتم انتخاب اثني عشر عضواً للمجلس البلدي الأول، و انتخب سليمان العدساني رئيساً له (3). تحولت فكرة المشاركة، إذن، إلى فعل. وكانت أول ممارسة للانتخابات تشهدها البلاد. كانت خطوة أولى، لاشك مؤسسة، في الممارسة الديمقراطية. لكنها، أيضاً، الخطوة الأولى في الصراع الطويل بين الشرعية والاستبداد. وسيطبع تاريخ الكويت الحديث، بل تاريخ الخليج ككل، بالصراع

---

(3) أسماء أعضاء أول مجلس بلدي،هم، يوسف بن عيسى، مشعان الخضير، سليمان العدساني، سيد علي السيد سليمان، محمد أحمد الغانم، نصف بن يوسف، السيد زيد سيد محمد، حمد الداود المرزوق، مرزوق الداود البدر، مشاري حسن البدر، أحمد معرفي، يوسف الحميضي، العدساني (خالد سليمان)، المذكرات، ص5. (غير منشورة)

المستمر حيال ثنائية التفرد ومطالب الإصلاح. وكلاهما يحيل جوهرياً على مسألة مصدر الشرعية ومفهوم الوطن والمواطن.

حظي المجلس البلدي بأهمية أكبر من مجلس الشورى عام1921، لأنه على عكس الأخير، كان منتخباً ولم يعيّن. ولدَ المجلس البلدي، إذاً، بشرعيّة انتخابية، ذات مضمون ودلالات ديمقراطية. وهكذا دخلت الكويت، مبكرة، في مرحلة هامّة من تاريخها السياسي الحديث.

غداة تشكيله، باشر المجلس في معالجة كل الأعمال المتعلقة بتحسين حياة المواطن المدنية بكل تفاصيلها. كانت البلاد بحاجة ملحة للكثير من الإصلاح والتنمية، شأنها شأن البلدان الخليجية الأخرى. وفعلاً، برهن أعضاؤه عن جدارة لافتة. فقد هدفوا إلى إنجاح تجربتهم الجديدة، وترسيخها في الوعي الجمعي الكويتي. وقد عزز كل ذلك مكانة المجلس وأهمية العمل الوطني. وخلال فترة عهده، التي لم تتجاوز سنوات أربع، تمكن من إدخال الكثير من التحسينات الضرورية لتحديث المجتمع وتطويره. وبشكل خاص على المستوى المدني والصحي. واللافت أن النموذج العراقي التحديثي، في عهد الملك فيصل، ومن بعده ابنه غازي، برز كمحفز للمجلس البلدي الكويتي. ولا مبالغة في القول، إن الكويتيين كانوا يراقبون التحولات الكبرى في العراق بشيء من الغبطة والأمل. وصف أحد شهود المرحلة، خالد العدساني، المجلس

في مذكراته، "بالمجلس النيابي المصغّر". فكان هيئة تنفيذية وتشريعيّة في آن. وقد كان من شأن هذا الوعي المستجد أن يؤسس بدوره لمفاهيم حديثة للحقوق المدنية، والإصلاح ويرسخ نهج المشاركة أكثر.

كانت المفاهيم، إذن، تبنى، تتأسس، عبر ممارسة الفعل الوطني، وليس خارجه. يبقى أنه، من رحم العمل المشترك، وتنامي الوعي السياسي، سيشهد المجلس ولادة ثقافة ديمقراطية ستشكل سمة من سمات الحياة السياسية في الكويت. و يذكر العدساني، أنه في وسط المجلس، ومن خلال النضالات اليومية، تم تشكل نواة "الحركة الوطنية الكويتية". وهي التي ستسهم في كتابة تاريخ البلاد الحديث. وقد برزت في هذه المرحلة شخصيات وطنية مؤسسة للفكر الوطني في الكويت، منها عبد الله محمد الصقر وعبد اللطيف محمد الثنيان، والغانم والقطامي والعدساني.

يبقى أنه على الرغم من مرونة أعضاء المجلس، تولد صراع بين الشيخ والمجلس. فهو صراع طبيعي بين الفكر الإصلاحي الوليد والمتطلع إلى المستقبل، وممارسات سلطويّة كفت عن تقبل أي نوع من المشاركة. ويبدو أن برامج التطوير والإصلاح، خاصة إذا لم يكن مسيطراً عليها من السلطة، كانت تشكل لها شيئاً من الإرباك. فمع الفعل الإصلاحي تبنى الشرعية الوطنية.

مجلس المعارف

ظهرت أولى محطات الصراع إبان انتخابات الدورة الثالثة للمجلس البلدي، حيث تمكن الشيخ من تغيير رئيسه، سليمان العدساني. ولئن كان للأخير رمزية وطنية، فإن إزاحته عن رئاسة المجلس أضعفت فعاليته ونشاطه، وقلّصت، بالتالي، من دوره في المجتمع.

بيد أنه بعد عامين فقط من أفول المجلس البلدي، تمكن الإصلاحيون من تشكيل مجلس للمعارف. كان الهدف هو تطوير التعليم وإدخال التعليم الحديث إلى البلاد. وهي مسؤوليات ومهام لم تكن تحظى بأي اهتمام رسمي يذكر. وقد أدرك الكويتيون حاجتهم الماسة لإدخال نظام التعليم الحديث كشرط رئيس لتطور بلادهم.

وكما كان الأمر غداة نشوء المجلس البلدي، تم اجتماع خمسين شخصية لانتخاب أعضاء المجلس، الذي تألف، هو الآخر، من 12 عضواً. وتم انتخاب العدساني رئيساً للمجلس. ومرة أخرى، ولتجنّب أي اعتراض من قبل الحاكم على إنشاء المجلس، أخذ الكويتيون على عاتقهم تأمين ميزانيّته ونفقاته (4).

___

(4) ضم المجلس عضوية كل من،عبدالله حمد الصقر، يوسف بن عيسى، خليفة بن شاهين، سليمان العدساني، مشعان الخضير، السيد علي السيد سليمان الرفاعي، مشاري حسن البدر، محمد أحمد الغانم، نصف يوسف النصف، أحمد خالد المشاري، سلطان ابراهيم الكليب، يوسف عبد الوهاب العدساني (خالد سليمان)، مرجع سابق، ص 9.

وما سيلفت النظر حقاً، هو الدور الرائد الذي قام به أهل الخليج في إدخال التعليم الحديث إلى مجتمعاتهم. لقد أدخل التعليم إليها كلها، دون استثناء، بفضل جهود ومبادرات أهلية. لم يكن لأي حاكم أو حكومة فضل عليها. وسنرى المشهد يتكرر في البحرين ودول الخليج الأخرى.

وعلى غرار المجلس البلدي، استأنف مجلس المعارف مهامه بالروحية ذاتها. أخذ على عاتقه بناء المدارس، التي لم تكن موجودة حتى ذلك العهد. ووضع أسس نظام تربوي عام في البلاد، وأدخل شيئاً من التعليم المتقدم. واستقدم المدرسين من الأقطار العربية، وخاصة من فلسطين. وقد قام الحاج أمين الحسيني، الذي كان حينها رئيساً للمجلس الإسلامي الأعلى في القدس، بإرسال بعض المدرسين الفلسطينيين إلى الكويت. كما بدأ المجلس بإرسال بعض الطلاب إلى الخارج، وتحديداً إلى العراق. وقد عهدت مسؤولية إدارة مجلس المعارف إلى الشيخ يوسف بن عيسى، الذي سمي ناظراً لمعارف الكويت. فضلاً عن ذلك، بدأ المجلس، وللمرة الأولى، يهتمّ بتعليم البنات، حيث افتتحت أول مدرسة للفتيات في الكويت. وهو قرار غني بالدلالات الثقافية. وعلى هذا النحو، تم إدخال التعليم الحديث إلى بلاد الخليج، بدءاً بالبحرين عام 1919، ثم الكويت في الثلاثينيات. ويذكر الدكتور أحمد الخطيب في مذكراته، أنه قد تم أولاً افتتاح المدرسة

المباركية، ومن ثم المدرسة الأحمدية. ولاحقاً أنشئت المدرسة القِبليه (5).

في عام 1924، تم إرسال أول مجموعة من الطلبة الكويتيين للدراسة في العراق. تلتها بعثة أخرى عام 1938. وفي الأربعينيات وصل مجموع الطلبة، المبعوثين إلى العراق ومصر ولبنان وسوريا، إلى 58 طالباً. وكان من شأن هذا الاتصال أن يفتح آفاقاً ثقافية هامة. فقد تأثر هؤلاء الطلبة بحركة النهضة العربية. ولعبوا وأسهموا في تطوير الحياة الثقافية والفكرية، وبالطبع السياسية في المجتمع الكويتي (6).

يبقى أنه لا يمكننا الحديث عن نشوء المدارس الحديثة، وهي فعلًا نقلة نوعية ضرورية، دونما الوقوف، قليلاً، على أهمية الدور، لا بل على الرسالة التي قامت بها المدارس التقليدية الصغيرة. فعلى الرغم من تواضع مناهجها، المكونة من بعض المواد البسيطة، مثل حفظ القرآن الكريم، وتعليم مبادئ الشريعة والفقه، واللغة العربية والحساب، تمكنت من الحفاظ على روح الهوية العربية الإسلامية وتعزيز ثوابتها.

وقد عمل معلمو هذه المدارس البسطاء، "المطاوعة"،

---

(5) الخطيب (أحمد)، الكويت من الإمارة إلى الدولة، ذكريات العمل الوطني والقومي، المركز الثقافي العربي، بيروت، (2007)، ص97.

(6) المديرس (فلاح عبدالله)، المجتمع المدني والحركة الوطنية في الكويت، دار قرطاس للنشر، الكويت، 2000، ص 10.

الجالسون على الأرض، هم وتلاميذهم، على زرع القيم الدينية والأخلاقية والمثل العليا، الضرورية للحياة الإنسانية الكريمة. كانوا جنائني الروح. وفعلاً، خرج من هذه المدارس الفقيرة الكثير من الشخصيات المميزة، من شعراء وأدباء ومؤرخين، محملين بثراء التاريخ وجوهر الحضارة العربية الإسلامية.

استبشر الكويتيون خيراً بمجلس المعارف. فقد مثل هو والمجلس البلدي إنجازاً إصلاحياً مهماً. كان مكسباً للبلاد وأهلها. بيد أن موقف الحكومة من المجلسين كان مغايراً. ففي إحدى جلسات المجلس، تلا رئيسه قراراً تسلّمه من الشيخ يقضي بحل المجلس. هكذا، قرر الشيخ حلّ المجلس التربوي بشكل مفاجئ، ودون تقديم أي مبررات. وعندما تساءل الأعضاء عن سبب حل مجلس منتخب، أجاب الرئيس قائلاً بأن " الإرادة الأميرية صدرت بحل المجلس وأنه لا يملك معها شيئاً ولا يعلم حتى أسبابها" (7) نعم، كانت الإرادة الأميرية أقوى من الإرادة العامة. بيد أن التطور الإصلاحي سيحجّم لاحقاً.

فضلاً عن ذلك، قرر الأمير تشكيل مجلس بديل عن مجلس المعارف المنتخب. عيَّن هو أعضاءه شخصياً. كان

---

(7) العدساني (خالد سليمان)، مرجع سابق، ص 11.

واضحاً أن الحاكم لم يكن ليقبل أي شكل من أشكال الانتخاب. لأنه، كما يبدو، يفتح الباب واسعاً لدخول الشخصيات الوطنية على المسرح السياسي، وعلى نحو فاعل ومؤثر. وهو أمر لا يتفق ورؤيته للسلطة. وقد تناسى الشيخ أن مجيئه للحكم كان بفضل تفويض الكويتيين له. وكان من شروط التفويض إلزام الحاكم بأن يكون الحكم قائماً على المشاركة. لكن الحاكم غالباً ما ينحو نحو الانفراد كما يقول ابن خلدون.

كان التحدي كبيراً. اعتبر رئيس المجلس أنّ الهدف من هذا القرار هو وضع حد لعمليّة الإصلاح ومحاربة الإصلاحيين (8). ولم يجد أعضاء المجلس البلدي من رد على قرار الحاكم، إلا تقديم استقالة جماعية احتجاجاً على حل مجلس المعارف، وإعاقة الشيخ للمسيرة الإصلاحية. كان ذلك قراراً استثنائياً معبراً عن عمق الصراع وحجم التحدي. كما كان متوقعاً، تأزم الوضع في البلاد، ولم يعد التوافق ممكناً. حسمت السلطة الأمر لمصلحتها. فطورد الإصلاحيّون، وتم اعتقال البعض، وعرفت الكويت مرحلة من التوتر والقمع لم تشهدها من قبل. وقد اضطرت بعض الشخصيات الكويتية للجوء إلى العراق، مأواهم الأخير. بل

_____

(8) نفس المرجع والصفحة.

أكثر من ذلك، تقدم بعضهم بطلب الجنسية العراقية. وما من احتجاج، يمكن أن يعبر عنه مواطن، على الممارسات التسلطية في بلاده، أكبر من تخليه عن جنسيته. إنه الرفض والإدانة في أعلى تجلياتهما.

الجزء الثاني:
مجلس الأمة الأول 1938

يبقى أن إخفاق المحاولات الإصلاحية، لم يضعف الفكر الإصلاحي، بل على النقيض، تعمق أكثر. لأن الفكر الموصول بوجدان الإنسان ووجوده لا يمكن استئصاله. والفكر الحقيقي بطبيعته لا يموت، بل يتأصل و يتجدد. شكّلت المرحلة الممتدة بين المجلس الأول عام 1921، والمجلس الثاني عام 1938، مرحلة بناء الهوية الوطنية والثقافة السياسية. وستولد خلال هذه الفترة مفاهيم وأسس دولة المؤسسات. فقد تبلور مفهوم الدستور، والمواطنة وارتباطها بالحرية، والمصلحة العامة، والمشاركة السياسية، وكلها شروط لبناء الدولة الحديثة.

كان من شأن هذه المفاهيم أن ترسي أسس الديمقراطية في الكويت. وسنرى خلال العام 1938-1939 محاولتين لتشييد مجلسين منتخبين. واللافت أن معظم الكتاب، عدا أحمد دبين، في كتابه "الديمقراطية في الكويت"، لا يذكر هذا الموضوع، علماً بأن ذلك يبيّن مدى إصرار الوطنيين الكويتيين على تشييد نظام دستوري ديمقراطي في بلادهم.

إنّ للجغرافيا سلطانها على التاريخ. فحجم الكويت وموقعها، المتاخم للعراق، من جهة، وخضوعها للنفوذ البريطاني، من جهة أخرى، سيجعلها عرضة للعوامل والمؤثرات الخارجية. وغالباً ما يكون للعوامل الخارجية تأثير أكبر في أوضاع البلدان الصغيرة من المعطيات الداخلية.

ثمة ثلاثة عوامل رئيسية ستطبع مسار الكويت وتاريخها الحديث. أولاً، النفوذ البريطاني المتزايد فجر اكتشاف النفط. ثانياً، انتشار الفكر القومي العربي، ومسيرة البحث عن الذات الوطنية والهوية القومية. وأخيراً، التحولات السياسية الكبرى التي شهدها العراق بمجيء الملك فيصل الأول عام 1921.

كان الإرث السياسي الذي تركه الملك فيصل الأول (1921 1933)، في العراق هاماً. إذ، يعود له الفضل في وضع أسس الدولة الحديثة. ففي عام 1922، أمر بإنشاء "الجمعية التأسيسية"، لتشرف على تهيئة الحياة البرلمانية في البلاد. ووضع دستور العراق عام 1923. كما وضع قانون الأحزاب والصحافة الحرة، وتهيأت البلاد للحياة الديمقراطية. لكن التاريخ أراد لها مساراً آخر.

والحال، أنه بغض النظر عمن يكون على رأس السلطة في بغداد، فحقائق الجغرافيا والاجتماع، التي تربط البلدين، كانت من القوة والعمق بحيث حتمت الترابط شبه العضوي، ما سمح بأن يكون للعراق تأثير مباشر في الوضع في الكويت.

الكتلة الوطنية

في عام 1938، بدأت " الكتلة الوطنية"، التي كانت تعمل بشكل سري، قيادة العمل السياسي على نحو كامل. وأخذ الشباب الكويتي زمام أمور بلادهم بأيديهم. والدفع بعجلة التاريخ خطوة إلى الأمام يحتاج إلى تضحيات كبيرة. سيتمحور جُل نضالهم حول خلق إرادة وطنية عامة من شأنها أن تنهض بالبلاد وتحررها من أسر الضعف والتخلف. والحال، أنه ما من نهوض حقيقي لمجتمع في ظل غياب الإرادة العامة. ولا يمكن أن يستقيم حال البلاد والعباد دون مشاركة. فمن شأن المشاركة في الحكم، وسن الشرائع والقوانين، أن يضمن استقرار الشعوب وتقدمها.

ضمت الكتلة أعضاء المجلس البلدي السابق وشخصيات أخرى مستقلّة. وكان على رأسها العدساني وعبد اللطيف الثنيان (9). وعلى الرغم من حجمها الصغير وبيئتها البسيطة، فقد كانت فاعلة ومؤثرة. وبرؤية واضحة أخذت على عاتقها قيادة عملية التغيير، والعمل على بناء الكويت الحديثة. وهي مهام تاريخية كبيرة.

---

(9) ضمت المجموعة كلاً من: مشعان الخضير، السيد علي سليمان، سليمان العدساني، عبدالله الصقر، عبد اللطيف محمد الثنيان، يوسف الصالح الحميض، سلطان الكليب، يوسف المرزوق، عبد العزيز حمد الصالح الحميضي، وخالد سليمان العدساني.

العدساني (خالد سليمان)، مرجع سابق، ص 15

كانت أولوياتها وضع دستور للبلاد، وتشكيل مجلس نواب وطني منتخب. وكلها أمور جديدة على المنطقة. وبدأت الكويت تتهيأ للولوج إلى الحياة الدستورية. كانت "الكتلة الوطنية"، تتطلع لبناء نظام برلماني مماثل للنظام البريطاني. وهو، أساساً، يضمن المشاركة وحقوق المواطنة، ويحافظ، في الوقت ذاته، على ثوابت النظام السياسي في البلاد. أي أنه يثبت حق آل صباح في الحكم، ويحفظ لهم مكانتهم، شأنهم شأن النظام الملكي في بريطانيا. ونص عقد الاتفاق الوطني لعام 1921، الذي منح البيعة للحاكم مقابل المجلس، يعتبر المرجعية الأولى للفكر الوطني الكويتي.

في خطوة أولى، بعثت الكتلة الوطنية، وفداً محملاً برسالة إلى الشيخ، كان على رأسه الحاج محمد الثنيان. حملت إليه التالي: "يا صاحب السمو، إن الأساس الذي بايعتك عليه الأمة، منذ أول يوم من توليك الحكم، هو جعل الحكم بينك وبينها على أساس الشورى التي فرضها الإسلام.(...)

غير أن التساهل الذي حصل من الجانبين أدى إلى تناسي هذه القاعدة الأساسية. كما أن تطور الأحوال والزمان، واجتياز البلاد ظروفاً دقيقة دفع المخلصين من رعاياك أن يبادروا إليك بالنصيحة راغبين التفاهم معك على ما يصلح الأمور(...)، ويصون لنا كيان بلادنا ويحفظ لنا استقلالنا. متقدمين إليك بطلب تشكيل مجلس تشريعي مؤلف من أحرار

البلاد للاشراف على تنظيم أمورها. وقد وكلنا حاملي كتابنا هذا ليفاوضوك على هذا الأساس" (10).

كانت "الكتلة الوطنية" مدركة لما تشير إليه، وعلى وعي تام بمسؤولياتها الوطنية. إذ إن تذكير الحاكم بالبيعة هو تذكير له بمصدر شرعيته. فقد كان أول حاكم في تاريخ الكويت ارتبط تسلمه السلطة بشروط والتزامات مبدأ البيعة العرفي، "الإجماع والتعاقد". لنتذكر بأنه حصل على التفويض مقابل موافقته على تشكيل مجلس استشاري، يشاركه في إدارة البلاد، أي الحكم. وكانت خطوة مؤسسة لتاريخ الكويت الحديث.

ولنتذكر بأن الحاكم حصل على سلطته، وفق شروط عرفية تقليدية، قديمة قدم الزمن، أعاد أعيان البلاد إحياءها، وكان من ثمرتها مجلس 1921. لم تقتصر صلاحياته، آنذاك، على مشاركة الحاكم في إدارة البلاد، بل، فوق ذلك، الإشراف على انتقال السلطة بين أبناء عائلة الصباح بشكل سلمي. وذلك لضمان استقرار الحكم والمجتمع على السواء. إذن، لم يكن المجلس يتمتع بحق المشاركة في الحكم، بل أكثر من ذلك، بمنح الشرعية للحاكم أيضاً.

(10)   العدساني (خالد سليمان)، مرجع سابق، ص17.

كانت الرسالة محملة بكل الدلالات السياسية والثقافية. وقد أعادت الحوار إلى جوهره، إلى المسألة الشرعية. فلا شرعية نظرياً خارج قاعدة الإجماع والتعاقد. والحال، أنه منذ سقوط تجربتي المجلس البلدي، ومن بعده مجلس المعارف، وكانا نواة المشروع الإصلاحي، بدأ الحكم في الكويت يأخذ منحىً استبدادياً. فلم يعد الحاكم، وخاصة بعد تدفق ثروات النفط، يعير أي اهتمام لآراء الشخصيات الوطنية الكويتية. لم يعد بحاجة إلى دعم أو تأييد شعبه له. ومن شأن ذلك أن يخلق حالة من الاحتقان والاضطرابات في البلاد. والمعروف أن المجتمعات التي تعيش حالة الاستبداد، تكون مأزومة بالاحتقان السياسي والتعثر الاجتماعي، والضمور الثقافي. والاستبداد أعظم بلاء.

كانت الكويت على حافة أزمة وطنيّة. فضلاً عن ذلك، ومنذ استلام الملك غازي الأول (1933-1939) الحكم في بغداد، بدأت الضغوط تزداد على حاكم الكويت، بلغت ذروتها عندما طالب الملك بضم الكويت إلى العراق. معتمداً على قراءات تاريخية خاصة في مسعى لتثبيت تبعيتها، وهي مازالت مثار جدل سياسي- تاريخي. وتمّ إطلاق حملة إعلاميّة كبيرة لتفعيل سياسة ضمّها إلى البلد الأم، كما كان يقال.

شككت الحملة في مقومات المجتمع الكويتي، كمجتمع صغير متخلف، يفتقر إلى أهلية بناء الدولة. وقد ساد

الاعتقاد، فعلاً، بأنه لا يمكن إخراج الكويت من حالتها إلّا بضمّها إلى العراق (11)، البلد الأغنى، والأرقى، والمتقدم. والواقع أن دعوات ضم الكويت إلى العراق كانت، في نظر البعض، مسعىً ضرورياً لإنقاذها من مأزقها. وما يلفت النظر، حقاً، أن هذه الحملات الإعلامية وجدت صدىً كبيراً في أوساط الكويتيين أنفسهم. وقد بدأ الفكر القومي يغذي مطلب، بل ثقافة الوحدة العربية بالشرعية، ويوفر لحركاتها السياسية زاداً معنوياً وافراً.

إزاء هذه الحقائق، الداخليّة والخارجيّة، لم يبق للحاكم أي خيار. كان ملزماً بقبول مناداة الإصلاحيّين، خاصة وأنّ سياسة الملك غازي الأول قد حظيت، كما يبدو، بتأييد غالبية الكويتيين. ليس ثمة شك، بأنه كان من شأن الموافقة على إنشاء مجلس نيابي أن يمنح البلاد الحصانة والاستقلالية، ويحميها من الأطماع الخارجية. فضلاً عن ذلك، فإن وجود مجلس منتخب سيمنح الحاكم حصانة دستوريّة كان يفتقدها آنذاك. وهي حصانة لم تتوافر لغالبية الحكام العرب طوال التاريخ الحديث.

لا ريب بأن تشكيل المجلس كان مكسباً وطنياً عاماً للحاكم والمحكوم على السواء. وما من بلد يمكن أن يكتب له النهوض دونما دستور وإصلاح حقيقي في بنائه السياسي والحقوقي. فالمجتمعات لا ترقى أو تنهض بكتلها البشرية أو

---

(11)   Al Sabah, (Salem Al Jabir), op,cit, p.182.

المادية، بل بمقوماتها الثقافية والمعنوية. والإرث الثقافي والمعنوي هو أساس الأمم والشعوب، وليس ثرواتها المادية. والنهوض الحقيقي، الحضاري، هو جوهرياً ثقافي وروحي وهو تجسيد للإرادة العامة.

في نهاية المطاف، خضع الحاكم لمطالب الإصلاحيين. وكان طلبه الوحيد هو تعيين عبد الله السالم الصباح رئيساً له. وهو طلب كان، بالتأكيد، مرحباً به. بيد أن ممثلي الإصلاحيين كان لهم تحفظ على الأسلوب، مؤكدين، في الوقت ذاته، احترامهم الكبير للرجل. كان لهم رأي معبر حقاً. ففي نظرهم أن مسألة اختيار رئيس المجلس تخصّ المجلس وحده. ولئن كان المجلس منتخباً بشكل ديمقراطي، فالأحرى بأن يكون رئيسه منتخباً أيضاً. ويبدو أنهم قد أدركوا بأن قبولهم تعيين الرئيس سيشكل سابقة، قد يستوجب الفعل بمقتضاها في المستقبل. وفعلاً، قال الحاكم كلمته " إنكم أحرار في انتخاب رئيسكم، ولكم أن تباشروا بالانتخاب فوراً". وأضاف الشيخ عبدالله السالم، الذي كان مشاركاً في هذا اللقاء، بدوره، قائلاً، "أنا من رأيي التعجيل بالانتخابات حالاً كي لا تحصل تحزبات عنصرية وغيرها" (12).

جدير بالذكر، أن الشيخ عبد الله السالم يمثل إحدى

---

(12)   العدساني (خالد سليمان)، مرجع سابق، ص 18.

الشخصيات التي نُحت اسمها في ذاكرة الكويتيين ووجدانهم، وكذلك الأمر بالنسبة إلى الخليجيين. وسترتبط ولادة الكويت الحديثة ونهضتها باسمه، كما سنرى ذلك لاحقاً. وهكذا، وبشكل منظم، تم تأليف لجنة ضمت ثلاث شخصيات بارزة في المجتمع الكويتي، وهي: الشيخ يوسف بن عيسى، الحاج أحمد الحميض، ومحمد الثنيان الغانم، لتحضير انتخابات المجلس والإشراف عليها.

وفعلاً، أعدت اللجنة قائمة بأسماء 320 ناخباً. وهم ممثلو مختلف العائلات في الكويت. ولم يستثن منهم حتى العائلات المنحدرة من أصول فارسية، التي استوطنت الكويت وأصبح لها حقوقها وواجباتها. وفعلاً تم انتخاب 14 عضواً (13).

وهكذا، رأى أول مجلس نيابي النور في الكويت. كانت مرحلة مخاض لولادة دولة المؤسسات. فالفكر الإصلاحي الذي أنتج مجلساً بلدياً منتخباً عام 1930، وكان بمثابة

---

(13)   وهم عبدالله حمد الصقر، محمد الثنيان الغانم، الشيخ يوسف بن عيسى المناعي، السيد علي السيد، سليمان العدساني، مشعان الخضير آل خالد، أحمد الداود المرزوق، سليمان خالد العدساني، عبد اللطيف محمد الثنيان آل غانم، يوسف الصالح الحميضي، مشاري حسن البدر، سلطان إبراهيم الكليب، صالح العثمان الراشد، يوسف مرزوق المرزوق، خالد عبد اللطيف الحمد. المصدر نفسه، ص 19.

الخطوة الأولى على طريق الديمقراطية، دفع اليوم بموجة أكبر، وانتخب مجلساً تشريعياً وطنياً.

انتخب الشيخ عبد الله السالم رئيساً للمجلس. وكان ذلك مصدر قوة، سياسية ومعنوية له، وعامل اطمئنان للكويتيين. كانت أولى مهماته إعداد دستور للبلاد. وفعلاً، كلّف فريقاً من الكتلة الوطنية بتحضير مسودة الدستور. كما طلب إلى الشيخ يوسف بن عيسى وضع مسودة قوانين دستورية تبين صلاحيات المجلس.

وفعلاً، وضع الشيخ يوسف مسودة تحدد مجال وأطر الصلاحيات التشريعية للمجلس. واستناداً إلى المادة الأولى، المادة المؤسسة، التي تنص على أن "الأمة مصدر السلطات ممثلة بهيئة نوابها المنتخبين"، فقد أنيط بالمجلس مسؤولية وضع القوانين في المجالات التالية؛ الميزانية، القضاء، الأمن العام، المعارف، الصحة، التعمير، وقانون الطوارئ. أي وضع الأسس القانونية للهيكلية الإدارية العامة للدولة، أي وضع البناء التحتي للدولة الحديثة. قدم المجلس مسودة القوانين الدستورية، لمصادقة الحاكم عليها. بيد أن الأمور لم تجر كما كان متوقعاً. إذ رفض الشيخ الطلب، مبرراً ذلك بقوله إنه "لا حاجة الآن إلى ذلك، والأفضل أن تسير البلاد تدريجياً في هذا الشأن".

شكل موقف الشيخ، الذي بدا مستجداً، مثار استغراب، بل صدمة " للدستوريين". فلم يكن، في نظر الدستوريين، ثمة مبرر لذلك. ولكن يبدو أن الحاكم قد استمع إلى نصائح المندوب البريطاني، وربما استدرك بأن تصديقه على صلاحيات المجلس، هو تصديق على التنازل عن صلاحياته. وفعلاً، كان من شأن هذه الوثيقة أن تشكل حصناً قانونياً للحد من الممارسات المتفردة في الحكم.

أنذر موقف الحاكم ببداية لصراع طويل. وهو صراع سياسي وثقافي متوقع. صراع بين ثقافتين لا سبيل لتعايشهما، خارج دستور ينظم ويضبط إيقاع الحياة السياسية في البلاد. كانت لحظة تحول فاصلة بين حقبتين، من الزمن. يبقى أنه لا ولادة ممكنة دون مخاض وألم. ولن يخطو، أي مجتمع، خطوة واحدة في التاريخ دون صراع وتضحيات. أليس الصراع محركاً للتاريخ؟

الدستور

ولمعالجة الأمر، اجتمع الدستوريون للخروج بموقف ينقذ مشروعهم الإصلاحي. وعليه، أقروا إرسال رسالة تبين مواقفهم من ضرورة انتخاب المجلس، وارتباط ذلك بالمصلحة الوطنية للبلاد. والحال أن الرسالة لم تخل من تحد وشجاعة. وقد ورد فيها الآتي:

"يا صاحب السمو، تقدم إليكم مجلس الأمة التشريعي،

هذا اليوم، بقانون حظي بإجماع أعضاء المجلس، موضحاً الصلاحيات الأساسية لمجلس الأمة.(....) وسموكم يقول بأنه موافق عليه، لكنكم تريدون بأن يكون العمل به تدريجياً.(....). نفيدكم بأن أعضاء المجلس جميعاً لم يقتنعوا بهذا الرد.

وقد ذكّرت الرسالة بالثوابت التالية؛ " ففي الظروف التي توليتم بها الحكم قطعتم على أنفسكم أن تجعلوا الحكم بينكم وبين الأمة شورى، ومضت الأيام ولم تر الأمة تحقيقاً لما وعدتم".

كما أكدت الرسالة، بأن" نواب الأمة، يا صاحب السمو، حينما وطدوا عزائمهم على خدمة الشعب والبلاد كانوا جادين.... وقد أقسموا أن لا يحول بينهم وبين خدمة الأمة والإصلاح أية عقبة كانت. ولعل هذه اللحظة من تاريخ البلاد هي من اللحظات الفاصلة، فإما إلى الخير وأنت على رأس الأمة، يحيط بك الإجلال ويحفك التقدير والحب، وإما إلى ضده. وها نحن قد تهيأنا لكل أمر متوقع كتلة واحدة في صف البلاد لا نتردد ولا نتقهقر" (14).

دخل الطرفان في مشاورات مستفيضة. كان لا بد من إنقاذ المسار. خاصة وأنه يؤسس لمرحلة متقدمة ومحفوفة بالآمال الوطنية. وأخيراً تمكن الدستوريون من إقناع الحاكم بضرورة تصديق مشروع القوانين الدستورية. وكان لهم ما

---

(14)   العدساني (خالد سليمان)، مرجع سابق، ص 21.

أرادوا. وفتحت أمام الكويت أبواب الأمل في الحياة الدستورية.

تكون القانون الدستوري من خمس مواد وثمانية قوانين. وقد نصت المواد على الآتي:

المادة الأولى: الأمة مصدر السلطات ممثلة بهيئة نوابها المنتخبين.

المادة الثانية: على المجلس أن يشرع القوانين.

المادة الثالثة: مجلس الأمة التشريعي مرجع لجميع المعاهدات والامتيازات الداخلية والخارجية. وكل أمر يستجد من هذا القبيل لا يعتبر شرعياً إلا بموافقة المجلس وإشرافه عليه.

المادة الرابعة: بما أن البلاد ليس فيها محكمة استئناف، فإن مهامّ المحكمة المذكورة تناط بمجلس الأمة التشريعي، حتى تشكل هيئة مستقلة لهذا الغرض.

المادة الخامسة: رئيس مجلس الأمة التشريعي هو الذي يمثل السلطة التنفيذية في البلاد.

حرر في يوليو عام 1938 (15).

يقول العدساني، إنه بعد هذا النصر الحاسم، لم يتجاسر أحد على الوقوف في طريق "المجلسيين". أما الوطنيون فقد ساروا شوطاً قصياً في طريق الإصلاح الشامل، واصلين الليل

---

(15) المصدر نفسه.

بالنهار، حتى أتموا في خمسة شهور قصيرة ما لا يمكن إتمامه في سنين 16).
وفي مقالته الصادرة عام 1939، علّق الكاتب الفرنسي ماسّا "Masa" ، قائلاً، إنّه رغم إيجازه وبساطته، وضع هذا القانون الدستوري حجر الأساس لقوانين عديدة ولمؤسسات مختلفة ستنشأ في المستقبل في أكثر من ميدان: العدل والدفاع والأمن العام والتعليم والصحة والأشغال العامة وحتّى القوانين الاستثنائية (17).
وبصرف النظر عن التفاصيل، على أهميتها، عكس الدستور، في المقام الأول، درجة تطوّر الوعي السياسي والدستوري للنخبة الكويتيّة. وللمرة الأولى تمتّع المجلس بسلطة تشريعيّة، قضائيّة وحتّى تنفيذيّة. ولربما شكل ذلك قوته وضعفه في آن. مثل هذا التداخل في الصلاحيات مصدر قلق كبير للحاكم، وربما سيشكل أحد أسباب سقوط المجلس ذاته. يبقى أن غالبية الأمور، والدستور بشكل خاص، هي وليدة بيئتها، ولا يمكن أن تكون إلا تعبيراً عنها.
وعلى النقيض من مجلس الشورى المعين عام 1921، تمّ، هذه المرّة، انتخاب الأربعة عشر عضواً للمجلس النيابي.

---

(16) المصدر نفسه، ص 14.

(17) Massa (Ch. M.), Le régime parlementaire a Kuweit, En terre D'Islam. Premier Trimestre 1939, p.8

كانت الانتخابات حرّة، وإن حصرت في فئة معيّنة من المجتمع الكويتي (18). بالطبع، لم يكن ذلك إلا ما أتاحه المعطى الاجتماعي، المحدود ذاته. بيد أنه كان خصباً بما فيه الكفاية ليولد ديمقراطيته الخاصة به ويختار نظام حكمه. يبقى أن الفكر هو الجوهر، هو الأساس. كما أن المجتمع مسوق، بالضرورة، بأن يتطور بتطور الفكر.

يقول ماسا، لقد استفاقت الكويت عام 1938، على الحياة الحديثة. فقد أثّر المثل العراقي بشكل كبير في هذه الإمارة الصغيرة. وكان الشباب الكويتي شديد الإعجاب بإنجازات الجار الذي مثّل مركز السياسة الشرقيّة، أوعاصمة العروبة (19).

ومن جهته، يقول علي حميدان، إنّه لأمر مدهش حقاً أن تعرف الكويت، عشيّة الحرب العالمية الثانية، حياة سياسيّة تتوجّه نحو ديمقراطيّة حقيقيّة. وبفضل وضع العراق آنذاك، اضطرّ الشيخ الكويتي، الذي كان يطبّق حتّى الساعة نظاماً عشائرياً، أن يمنح شعبه دستوراً ويتقبل وجود مجلس منتخب (20).

---

(18) Al sabah (Salem Al Jabir), op.cit. p. 18.

(19) Massa (Ch. M.), op.cit. p.46

(20) (ali) Humaidan, les princes de l'or noir, futuribles, Paris,1968, p. 184.

يبقى أنه ما من عمل جدير بالاهتمام، وبهذه الدلالة والرمزية التاريخية، يمكنه أن ينأى عن التحليل والنقد. ففي أطروحته "شعوب الخليج"، انتقد سالم الجابر الصباح، المجلس مشيراً إلى أمرين اثنين: أولاً، بأن المجلس لم يمثل الكويتيين جميعهم، بل فئة صغيرة من التجار والمثقفين الشباب المتأثرين بوسائل الإعلام العراقيّة، والذين يطالبون بضمّ الكويت إلى العراق. ثانياً، لقد حاول المجلس تقوية سلطته على حساب سلطة الشيخ والسلطات البريطانية. وقد أنجز المجلس خلال حياته القصيرة بعض المشاريع التي قدّرها الكويتيون وما زالوا حتّى اليوم يدعون عام 1938 ب "عام المجلس" (21).

على كل حال، ومع ضعف ملاحظاته ونقده لأول تجربة في البلاد، يقر "الأمير" بإنجازات المجلس الكبيرة، وهو، لا شك، اعتراف بدور الوطنيين الكويتيين، وبأهمية مشروعهم الديمقراطي التاريخي. ولولا نضالاتهم الطويلة، لما تمتعت الكويت، اليوم، بالحياة الديمقراطية.

مسلحاً بشرعيّته الانتخابية، باشر المجلس ينفّذ مشاريعه الإصلاحية. وفي فترة وجيزة تمّ إنشاء أكثر من 10 مديريات جديدة في البلاد، من بينها دائرة الشؤون القانونية، وأخرى متعلقة بالشؤون الإدارية، وأخيراً دائرة للشؤون التجاريّة، أي

---

(21)   Al Sabah (Salem Al Jabir), op.cit. p. 184

غرفة التجارة. كما أعيد تأسيس المجلس البلدي ومجلس المعارف. مستفاداً من التجربتين السابقتين في هذا الشأن.

فعلاً، سيأخذ المشروع الإصلاحيّ عمقه و مضمونه الحقيقي بإنشاء دائرة ماليّة. وذلك للمرة الأولى في البلاد. وهنا بيت القصيد. إذ إنه عندما نتحدث عن المسألة المالية، نتحدث عن الثروة الوطنية، عن مصدر السلطة الفعلية، عن النقطة الفاصلة بين الحق العام والملكية الخاصة للحاكم. فمن يملك قرار المال، يملك، بالضرورة، قرار السلطة. وحتى ذلك الحين لم يتبلور مفهوم الملكية العامة، فكل شي، كان ملكاً للحاكم. ولئن كانت البلاد ودخلها "ملكي ة خاص ة"، تكون السلطة، بالضرورة، مطلقة. ويسخر كل شيء، حتى القانون، لا بل الدين ذاته، لحمايتها. وتبتسر آيات قرآنية مقدسة لإضفاء الشرعية على الاستبداد. وهكذا، يصبح الاستبداد مطلقاً والفساد عاماً. ويغدوان مع الزمن سمة الثقافة الوطنية السائدة.

ولكن، عندما يتم الإقرار بأن دخل البلاد هو جزء من الثروة الوطنية، حينها فقط، يستولد مفهوم المصلحة العامة. وهو مفهوم يشمل ويُؤطر، بل بدوره يولد، جملة من المفاهيم والمبادىء. منها مفهوم حقوق المواطن والعدل والمساواة، وجميعها من شروط الحياة الكريمة. وهي بالطبع من أسس المواطنة. ولئن كانت هذه المفاهيم مؤسسة للثقافة السياسية،

والدولة العادلة، فلا ثقافة وطنية سياسية حقيقية في غياب مبدأ المشاركة.

في هذا الصدد، يقول العدساني، إنّه منذ إنشاء تلك المديريّات، عرفت البلاد تغييراً تاريخيّاً. فالأُمّة، كما قال، أضحت تملك، منذئذ، ميزانية مستقلّة عن الشيخ، وقراراً سياسياً مستقلاً. وبدأ المجلس يمارس صلاحياته الدستوريّة. وقد نجح في التغلب على بعض العقبات، بيد أن العقبة الكأداء، كانت، بالطبع، السيطرة البريطانيّة على البلاد.

بريطانيا والمجلس

لم يكن الوجود البريطاني في الكويت ظاهراً، كما كان الأمر في البحرين أو عُمان. علماً بأن الكويت قد وقعت، في عهد الشيخ مبارك الصباح، التعهد الشهير، "التعهد المانع"، عام 1899، الذي سبق وأن فرض فرضاً، على حاكم عُمان الوطني، السلطان فيصل بن تركي عام 1892، أولاً، ومن ثم على حكام الخليج الآخرين.

ينص التعهد على التالي: "يتعهد الشيوخ بأن لا يتخلوا أو يبيعوا أو يرهنوا أراضيهم، أو يتركوها تُحتل، على أي نحو كان، من طرف غير الحكومة البريطانية. وأن يلتزموا بذلك هم وورثتهم وخلفاؤهم. وعلى أن يصبح أصدقاء الإنجليز، منذ ذلك الحين، أصدقاء الشيوخ وأعداء الإنجليز

أعداءهم. وبالمقابل، تتعهد بريطانيا بحماية المنطقة من كل تدخل أجنبي." ومع أن تعهداً كهذا لا يحمل أية قيمة قانونية، فالتعهدات الاستعمارية لا يقبلها أي قانون أو يجيزها أي تشريع. فهي تعرف في القانون الدولي باتفاقيات الإذعان. مثل هذا التعهد، في الواقع، هو صك ملكية المنطقة للمستعمر البريطاني.

بيد أن خلف الوجود، غير الظاهر للإنجليز، نفوذاً متحكماً في قدر البلاد وأهلها. فهذا الوجود الخفي، الإنجليزي بامتياز، الخبيث بامتياز، كان فاعلًا بما فيه الكفاية عندما يقتضي الأمر ذلك. ونعلم أن المستعمر لم يأت ليصلح شؤون مستعمراته، ولم تفكّر بريطانيا ولا لمرّة، في اعتماد سياسة إصلاحيّة في مستعمراتها، أكان في الخليج أم في غيره من أطراف الإمبراطورية التي لم تكن تغيب عنها الشمس. وإذا حدث وأدخل شيء من الإصلاحات، وفي أي مجال كان، فذلك لايتم إلا لتسهيل آلية المستعمر وغاياته. فبناء خطوط القطارات في الهند مثلاً، لم يكن حرصاً بريطانياً على تواصل الهنود فيما بينهم، بل لربط مؤسسات الكولونيالية. والأمثلة على ذلك لا تعد ولا تحصر.

وهكذا، في 5 تشرين الأول/أكتوبر، بعث المقيم السياسي في الخليج، برسالة، ورد فيها الآتي؛ "لقد أوعزت

إليّ حكومة صاحب الجلالة، أنه قد بلغهم بعين الرضا عن تأسيسكم المجلس. وقد علموا أن باتخاذكم هذه الخطة، التي يؤملون أن تتقدم بها أهم مصالح الكويت، كنتم متحمسين لإشراك ممثلي شعبكم بإدارة الحكم. إن حكومة صاحب الجلالة واثقة باستمرار العلاقات الحسنة بينهم وبين حاكم الكويت في المستقبل، كما كان الحال في الماضي. ولا شك في عدم حدوث أي تغيير بالترتيبات الحالية التي بمقتضاها تدير حكومة صاحب الجلالة شؤون الكويت الخارجية."

ومن جهته، رد عليه الحاكم برسالة مؤكداً على ثبات العلاقة بين الكويت وبريطانيا. وقد ورد فيها، " كما أني أؤكد لحكومة صاحب الجلالة البريطانية ثقتها بأن العلاقة الحسنة المستمرة فيما بيننا كل تلك المدة الطويلة، ستبقى في المستقبل، كما كانت في الماضي، مصونة في حدود كافة الاتفاقات والمعاهدات المبرمة مني أو من حكام الكويت السالفين" (22).

بطبيعة الحال، علاقة بريطانيا بالمجلس لا بد وأن تكون إشكالية. صحيح أن بريطانيا لم تحاول منع إنشاء المجلس النيابي، وبعد انتخابه لم تُعق أعماله الإدارية الداخلية. لكنها

---

(22)   العدساني (خالد سليمان)، مرجع سابق، ص 34.

لم تعترف به كهيئة تشريعية مستقلّة. اكتفت في مراسلاتها بالإشارة إليه "بالمجلس". لم تتقبل أن يتعاطى، على أي نحو كان، في الشؤون غير الإداريّة. هكذا تصورت بريطانيا حدود شرعية المجلس، لا أكثر. أما عن العلاقات الخارجية، التي أكدت عليها الرسالة، والتي تعني العلاقات السياسية، والنفطية خاصة، فهي من شؤون حكومة صاحب الجلالة حصراً.

كان الموقف البريطاني الرسمي، المعلن حينئذ، هو أن الكويتيين يتمتّعون "باستقلاليّة تامّة فيما يتعلّق بشؤونهم الداخليّة". بيد أن هذا الموقف لم يكن واضحاً بما فيه الكفاية، ولم يكن يعبر عن الحقيقة تماماً. فعن أية استقلاليّة وأية شؤون داخليّة يتكلّم.؟

تخلو هذه الجملة الممجوجة من أي معنى، لأنّ الإنجليز كانوا، خلف المسرح، يراقبون، ويشرفون، بل ويقررون ما شاؤوا ومتى شاؤوا. كانت الإشكالية الحقيقية، هي كيف يمكن لمجلس يتمتع بشرعية انتخابية أن يمارس صلاحياته التشريعية باستقلالية، وبالتالي، يؤدي دوره النيابي المناط به، بل والملزم به، في بلد يفتقر إلى الاستقلالية؟ أم كان الأمر استثنائياً في الكويت؟

إن وجود مجلس منتخب يفترض وجود سيادة وطنية.

وأمام هذا التحدي الحقيقي كان القنصل البريطاني يبحث عن مخرج. فأبلغ ممثلي المجلس، بأن "الحل الوحيد في نظري أن تبادروا إلى طلب مستشار انجليزي يوازن بينكم وبين الأمير" (23). كان يحاول الإيحاء بأن وجود مستشار انجليزي ضروري لكي يحصل المجلسيون على مطالبهم. لكن المجلسيين كانوا على معرفة تامة بالأساليب البريطانية الملتوية. وكانت تجربة شارل بلجريف في البحرين ماثلة أمامهم. وسنرى ذلك في الفصل المخصص للبحرين.

وعندما رفض الدستوريون هذا الاقتراح، بدأت المواجهة الحقيقية. إذن، حان وقت اللزوم. فقد منعت بريطانيا أن يتدخل المجلس، وعلى أي نحو، في علاقتها مع الحاكم. فهي علاقة تريدها بريطانيا " خاصة"، لا تخضع لمقتضيات المصلحة الوطنية، ولا لشرعية مجلس حتى وإن كان منتخباً. في حين أن المادة الثالثة تنص، أنّه على المجلس، أن يشرف ويراقب جميع المعاهدات ورخص التنقيب عن النفط والاتفاقيّات، بل والمصادقة عليها.

واستناداً إلى هذا البند من الدستور، كان المجلس مسوقاً، لا بل ملزماً، بالضرورة، بالإشراف على العلاقات الخارجيّة في البلاد، وبشكل خاص العلاقة البريطانيّة

---

(23)   المرجع نفسه، ص. 43.

الكويتيّة. وهي، بطبيعة الحال، المعاهدات الموقّعة بين الشيخ وبريطانيا، ومنها معاهدة التنقيب عن النفط. لكن هذه النقطة الفاصلة هي بين المصالح الوطنيّة والمصلحة الكولونيالية، أي بين استقلال القرار الوطني والتبعية الاستعمارية.

ومع تأكيدات الحاكم على أنه لم يطرأ أي تغيير على العلاقة بين الكويت وبريطانيا، وأن حكومة الكويت تحترم كل الاتفاقات الموقعة بين البلدين، كتب أحد المسؤولين الإنجليز، بتاريخ 29 تشرين الأول/أكتوبر 1938، رسالة إلى حاكم الكويت الشيخ أحمد الجابر الصباح، ورد فيها؛ "إن المجلس لا شك يدرك أن مثل تلك التغييرات لا تؤثر على الترتيبات الحالية المستندة إلى المعاهدات والممارسة الطويلة والتي بموجبها تدير حكومة صاحب الجلالة شؤون الكويت الخارجية مع غيرها من الحكومات والممالك، كما وتدير بواسطة الشيخ الأمور التي تمس بتلك العلاقات أو بالأجانب بالكويت" (24). فموضوع الأقليات والأجانب، هو موضوع قديم، متجدد، وغالباً ما يكتنفه الالتباس، ويقتضي، بالتأكيد، شيئاً من التأمل. لكن هذا ليس في محله. فهؤلاء الذين اتسعت لهم

---

(24)   المرجع نفسه، ص 40.

الثقافة العربية الإسلامية وأراضيها، بعد أن هجرتهم أوطانهم، وضمنت لهم الاستقرار وسبل العيش الكريم، غالباً ما يتحولون إلى أعداء للشعوب التي احتضنتهم، وحلفاء مخلصين للمستعمر، لأي مستعمر، وأداة من أدوات نفوذه. وغالباً ما استعملوا لإضعاف الهوية العربية في البلاد. وخطرهم الأكبر كونهم يعيشون في ثنايا المجتمعات. يبقى، بالطبع، أن هنك استثناء لهذه القاعدة.

أدرك الدستوريون دقة الوضع. يبقى أن لقوة الحق سلطتها ورمزيتها. وليس ثمة ما يمكن أن يثنيهم عن القيام بمسؤوليتهم الوطنية. أما بريطانيا فستمارس شتّى أنواع الضغوط لتجهض هذه الديمقراطية الوليدة. ولتفعل ما شاءت، لكنها ستدهش، أولاً، بإصرار الحركة الوطنية وفاعليتها. وثانياً، بالنضج السياسي الذي يتحلى به قادتها.

وفي مسعى لإيجاد صيغة توافقية، تم الاتفاق على أن يرسل المجلس شخصين من أعضائه إلى قصر الحاكم، للقيام بمهمة الإشراف على ملف العلاقة الكويتية البريطانية. وفعلاً، كلف سليمان العدساني ومشاري الحسن، القيام بهذه المهمة. كان ذلك إجراءً استثنائياً لحالة استثنائية. واعتقد أعضاء المجلس أن الحاكم، كما البريطانيين، وجدوا فيه مبتغاهم.

لم ينتهِ الأمر عند هذا الاتفاق. لأن جوهر الصراع كان أعمق من أي وفاق سياسي. إذ تمحور، أساساً، حول مصدر شرعية القرار الوطني ومدى استقلاليته. ولم يدخر البريطانيون جهداً لتقليص صلاحيات المجلس التشريعية، بل وعزله، من خلال إصرارهم على أن تبقى علاقتهم بالشيخ مباشرة، رافضين أي تدخل للمجلس فيها. وقد سلمت الشيخ أحمد جابر الصباح رسالة رسمية تطالبه بذلك.

لكن الشيخ، وفق نصائح من مستشاريه، من أعضاء المجلس، اتخذ قراراً إيجابياً. وردَّ على الوكيل السياسي البريطاني في الخليج برسالة وجهها إليه في 20 تشرين الأول/أكتوبر 1938 ورد فيها ما يأتي: "بعد إرادتي التي أصدرتها، بتاريخ 11 جماد الأول، في شكل قانون صلاحيات مجلس الأمة التشريعي، والتي جاء في المادة الأولى منها، (الأمة مصدر السلطات ممثلة في نوابها المنتخبين)، أصبح بديهياً أن البلاد تسير نحو نظام ديمقراطي. ومن أجل أن تكون القوانين والاتفاقات الكويتية شرعيّة، يجب أن يصدّق عليها المجلس" (25).

وفي محاولة لطمأنة البريطانيين، أكّد الشيخ في رسالته

---

(25) المرجع نفسه، ص41.

مجدداً، أن المجلس يحترم الاتفاقات والالتزامات الأخرى المبرمة بين بريطانيا والكويت، في عهده أو عهود أسلافه. كما أكد فوق ذلك، أنه لن يطرأ أي تغير في العلاقات بين البلدين. وستبقى العلاقة كما كانت.

لكن الكولونيالي لم يكتف برد الحاكم على أهميته. وبدأ الصراع بينه وبين المجلس يأخذ بعداً حقيقياً، خاصة وأن المنطقة قد دخلت حقبة النفط، وهي مرحلة مفصلية، ليس في تاريخ الخليج، بل في تاريخ العالم أجمع. والحال إنه لضرب من المستحيل أن يعمل مجلس نيابي منتخب، باستقلالية وسيادة، في ظل سلطة كولونيالية. لم يكن التحدي سهلاً. ولو قُدِّر لهذه التجربة الفريدة أن تنجح، لشكلت حالة استثنائية. وما زاد الأمر تعقيداً، ظهور السلاح، بشكل غير معهود، في يد بعض أعضاء المجلس، كما عند البدو التابعين للحاكم. وهكذا، عندما بلغ الصراع أوجه، وأمام هذا الوضع المتفجر، اتخذ الشيخ، منحنياً للضغط البريطاني، قراراً بحلّ المجلس.

مثل قرار حل المجلس ضربة كبيرة للمشروع الوطني الديمقراطي في الكويت. ونتيجة لذلك، تم عزل الدستوريين ووضع حد لسيطرتهم على الساحة السياسيّة. بيد أن العودة بالزمن إلى الوراء كانت، أيضاً، من المعادلات الصعبة.

ويصف لنا العدساني، الذي عاش هذه المرحلة، الوضع في الكويت غداة إسقاط المجلس. إذ كما يقول، انقضّ أعضاء عائلة الصباح على مختلف الوظائف في الإدارة الكويتية، وتقاسموا رئاسات المديريات العامة جميعها. ونجم عن ذلك صراعات في وسط العائلة الحاكمة ذاتها، فتضاربت المصالح وتعارضت القرارات.

كان نوعاً من عملية استئثار، وكأن المؤسسات الوطنية غنائم حرب. وعلى حين غرة، تبخرت مفاهيم المصلحة الوطنية، و المصلحة العامة، والشرعية، والسيادة، والحق وغيرها من مظاهر الدولة. وأفرغت البيئة السياسية من مضامينها المعنوية، وحلت محلها ممارسات أوحت وكأن البلاد ليست إلا ملكية خاصة لعائلة الصباح. وكان على الكويت أن تعيش مرحلة مشحونة بصنوف الاضطرابات والقلق.

الجزء الثالث:
مجلس الأمة الثاني 1938

لم ينتهِ النضال الديمقراطي بعد إغلاق المجلس الأول، لا بل أخذ زخماً وعمقاً وطنياً لافتاً. كانت بالفعل مرحلة بناء وطن، لا دولة فحسب. وكان من شأن الفكر الإصلاحي أن يدفع بتاريخ البلاد إلى الأمام. ويعود لهذه الشخصيات الوطنية فضل تحويل الكويت لاحقاً، هذا البلد الصغير جغرافياً وسكانياً، إلى دولة نموذجية في منطقة الخليج، وربما أبعد من ذلك.

إذاً، لم يضعف قرار الشيخ بحلّ المجلس إرادة الدستوريين. أو "المجلسيين". ففي كانون الأول/ديسمبر 1938، أي بعد مضيّ شهرين على حلّ المجلس الأول، جمع الدستوريون قواهم من جديد، مستندين إلى المادة الأولى من الدستور، التي تنصّ على: "إن الأمة هي مصدر السلطات ممثله بهيئة نوابها المنتخبين". وقد وفرت هذه المادة، التي تمثل أرضية لمشروع النظام البرلماني الديمقراطي في البلاد، للدستوريين غطاء شرعياً لجهودهم الإصلاحية، ودعماً معنوياً كبيراً.

وبخطوة تحد كبيرة، انتخب الدستوريون وحلفاؤهم مجلساً جديداً، تألف من 20 عضواً. وأعيد انتخاب الشيخ عبد الله سالم الصباح رئيساً له. وانتخب يوسف بن عيسى نائباً للرئيس. وقد قدّر الرئيس الثقة المجددة له، وأخبر الأعضاء أن شيخ الكويت راض عن المجلس الجديد وقد طلب إليهم تحضير دستور جديد (26).

لكنّه أشار بأن الحاكم طلب إليه ألّا يجتمع المجلس قبل أن يوافق الشيخ على الدستور الجديد. ومن المدهش، حقاً، أن نرى الشيخ لا يعترض على إعادة تشكيل المجلس، وهو الذي كان قد حلّ المجلس الأول. لكن يبدو أن الأمر لم يكن أكثر من مناورة حاكها البريطانيون. وقد أصدر الحاكم، في الوقت ذاته، أمراً وجهه إلى رئيس مجلس الأمة التشريعي، الشيخ عبدالله السالم الصباح، يقضي بتسليم المعاهدات والوثائق الرسمية والمراسلات الخاصة بالمجلس إلى دائرة المحاكم. إلا أن أعضاء المجلس رفضوا تنفيذ الأمر. ومهما يكن من أمر، اجتمع المجلس لتشكيل لجنة كلفت بدراسة مشروع الدستور الذي أعده المجلس الأول، ووضع دستور جديد متكامل. وقد استوحى هذا المشروع مواده من الدستور العراقي. الذي كان يعتبر دستوراً متقدماً في ذاك

---

(26) الديين (أحمد)، الديمقراطية في الكويت، دار قرطاس للنشر، الكويت، 2005، ص 39.

الوقت. وأدخل عليه شيء من التعديلات لتأخذ في الاعتبار الخصائص الكويتية.

أكد الدستور، الذي عرف ب "القانون الأساسي الكويتي"، في مقدمته، على الثوابت الرئيسية في الواقع السياسي الكويتي. الكويت ذات سيادة، مستقلة، أراضيها لا تتجزأ، ولا يتنازل عن شيء منها. وشكل حكمها نيابي. جميع الاتفاقات والمعاهدات السابق إبرامها مع حكومة صاحب الجلالة البريطانية والموقعة من حاكم البلاد الحالي أو حكامها السابقين، إلى ما قبل صدور قانون صلاحيات مجلس الأمة التشريعي، تعتبر مصونة ونافذة في البلاد.

ورد في الباب الأول، المعنون ب "حقوق الشعب"، أنه لا فرق بين الكويتيين في الحقوق أمام القانون، وإن اختلفوا في المذاهب. الحريات الشخصية مصونة لجميع سكان الكويت. للكويتيين حرية إبداء الرأي والنشر والاجتماع، وتأليف الجمعيات، والانضمام إليها، ضمن حدود النظام.

كما أكد " القانون الأساسي"، على أن الحكم في الكويت يعود لعائلة الصباح. وفيما يخص ولاية العهد، فيذكر الدستور أنها لأكبر ذرية الشيخ المرحوم مبارك الصباح. وعلى أثر توليه الحكم، يقسم الحاكم أمام مجلس الأمة التشريعي يمين المحافظة على أحكام القانون الأساسي، والإخلاص للوطن والأمة.

الحاكم هو رأس البلاد الأعلى، وهو الذي يصادق على

القوانين الرئيسية. يتألف مجلس الأمة من عشرين عضواً. الحاكم هو الذي يفتتح مجلس الأمة التشريعي لكل دورة نيابية جديدة. الحاكم يوقع المعاهدات التي يقرها ويصادق عليها مجلس الأمة التشريعي. للحاكم حق حلّ مجلس الأمة التشريعي متى نشبت بأسبابه فتنة في البلاد استعصى حلها بالطرق السلمية. على أن يشمل القرار القاضي بالحل، قرار إجراء الانتخابات للمجلس الجديد، خلال أسبوع واحد من تاريخ الحل.

أما عن السلطات التشريعية فهي منوطة بمجلس الأمة، وله وحده حق وضع القوانين وتعديلها وإلغائها مع مراعاة أحكام هذا القانون. يعين مجلس الأمة جميع القضاة العدليين. والمحاكم مصونة من تدخل أية سلطة في شؤونها. كما يصدق على الميزانية(27).

خيار دستور شرق الأردن

بالتأكيد، شكل هذا الدستور وثيقة إصلاحيّة تاريخية. عكس تطوراً واضحاً في الوعي السياسي والثقافي لدى الكتلة الوطنية. أما من حيث الجوهر، وهو الأساس، فإنه يؤكد على إرساء قواعد جديدة للحكم. على بناء مؤسسات الدولة

(27) العدساني (خالد سليمان)، مرجع سابق، ص 65. وانظر، ديين (أحمد)، مرجع سابق، ص 41.

الحديثة، على تشييد نظام ديمقراطي. باختصار إنه يهيئ البلاد لولوج العصر الحديث على أرضية سياسية و ثقافية وطنية متماسكة وصلبة.

صحيح أن خلل الوثيقة الأكبر كان دستورياً. إذ لم يتمكن من وضع حدود واضحة بين السلطات الثلاث: التشريعية والتنفيذية والقضائيّة. وقد تداخلت صلاحيات المجلس وصلاحيات الشيخ. وظهر وكأنه تجاوز صلاحياته المعنية بالتشريع والسهر على تنفيذ القوانين. بيد أنه لم تكن هنالك هيئة تنفيذية، لم يكن هناك مجلس للوزراء في البلاد. لم تكن هناك حكومة أساساً. حاول المجلس تغطية هذه الفجوات في الواقع الكويتي. ولكن إذا أخذنا في الاعتبار معطى المكان والزمان، وكونه أول دستور للبلاد، ندرك، أهمية التجربة. لكن هذا لايعني عدم تحميل الكتلة الوطنية شيئاً من المسؤولية.

قُدّم الدستور إلى الشيخ للتصديق. فطلب الأخير إلى الدستوريين مهلة لتقديمه للقنصل البريطاني للتشاور معه في ذلك. وسينتظر الدستوريون طويلاً قبل أن يأتيهم الجواب. لم يكن الشيخ مستعداً لتصديق الدستور. والمهلة التي طلبها لم تكن،في الواقع، لدراسة مسودة الدستور، بل لأنه كان بانتظار وصول نسخة من دستور الأردن. وقد أعد هذا الدستور البريطانيون أنفسهم. ولن يعدَّ المستعمر دستوراً يحفظ حقوق الشعوب وسيادتها.

يدعو الدستور الأردني إلى تشكيل مجلس حكومي، (وليس مجلس أمة)، يتكون من عشرين عضواً، يتم تعيين نصف الأعضاء من قبل الحاكم. أما عن طبيعة الحكم، كما تنص مواده، فهي قائمة على الشورى بدل، الديمقراطية. والشورى هنا، بمعنى التشاور مع الحاكم. طبعاً، إذا أراد الحكم ذلك. وهو تشاور لا يتمتع بقيمة دستورية إلزامية. كما تنص إحدى مواده، على أن الأمير يمارس، هو أو من يمثله، مع المجلس سلطة تشريعية، تتمثل في سن القواعد والأنظمة والخطط الإدارية التي تحتاج إليها البلاد. وللمجلس حق الاطلاع على الميزانية العامة، وأن يقدم مشورة نافعة من أجل تحسين عوائد الدخل للبلاد (28).

باختصار، مضمون الدستور الجديد هو إلغاء الديمقراطة. وهذا النوع من المجالس، التي لا تملك حق التشريع، لا تعدو كونها شكلية مهما منحت من صلاحيات. هي مجالس استشارية في أفضل الأحوال.

موقف الدستوريين

بدورهم، رفض الدستوريون، قطعاً، فكرة الدستور الأردني. وأصروا على أن تقتصر مشاوراتهم مع الحاكم حول

---

(28)   الديين (أحمد)، مرجع سابق، ص 42.

مشروع الدستور الذي أعدوه لبلادهم بأنفسهم، والذي قدّموه بصفتهم ممثلي الشعب الكويتي. وأمام انسداد الأفق تبددت كل الآمال في التوصل إلى تفاهم بين الحكومة والمعارضة. وبلغ التوتر ذروته.

بيد أن اجتماعات المعارضة تواصلت. كانت الكتلة الوطنية تدرس كل الخيارات الممكنة للتحرك. ولكن الوضع سرعان ما تدهور مبشراً بالصدام. وخرجت المظاهرات والمناشير المنددة بالشيخ والاستعمار. وأمام انسداد الأفق تماماً، طالب المتظاهرون بضم الكويت إلى العراق. كأنه لم يبقَ أمامهم إلا ذلك.

كان الصرع حاداً. وعليه، طلب أعضاء "الحركة الوطنية"، الذين كانوا يعتبرون أنفسهم جزءاً من حركة القومية العربية وامتداداً لها، وهي المناهض للاستعمار والرافض لتقسيم العالم العربي، الدعم المباشر من الحكومة العراقيّة. بل أكثر من ذلك، طالب البعض منهم بضم الكويت إلى العراق. واللافت أن ذلك لم يكن ليشكل، آنذاك، خيانة وطنيّة، بل على النقيض، كان ينظر إليه كموقف مشروع يؤكد على وحدة الأمة العربية.

من جانب آخر، وفي محاولة لإقناع الشيخ بتصديق الدستور، أبلغ أحد أعضاء المجلس الحاكم بما يلي: "أنتم أمام موقفين. من جهة ترون ابن سعود، وأنتم أعلم بنظامهم

الاستبدادي، ومن الجهة الأخرى ترون المثل العراقي ونظامه البرلماني. فأي من الاثنين تختارون؟" (29).

أقر الحاكم، فعلاً، بأن النظام العراقي هو الأفضل (30). فقد شكل النظام السعودي، منذ ولادته، رمزاً للاستبداد والفساد، ولا يمكن أن يكون، بالتالي، أنموذجاً لأحد. لكن يبدو أن الحاكم لم يعد يملك القرار النهائي. ولم يكن بإمكانه، بالتالي، أخذ مبادرة إيجابيّة. والأصح أنه، بعد ظهور النفط، ارتبطت مصالحه عضوياً بمصالح المستعمر. ولم يعد الحاكم في حاجة إلى دعم مجتمعه أو بيعتهم. لم يعد محتاجاً إلى الشرعية. كان إسقاط المجلس أمراً ضرورياً لعدم إرباك هذا التحالف الذي عمقته آبار النفط. وهكذا، فضل سياسة المماطلة، بل أصرّ على أن يتوقف المجلس عن الاجتماع إلى أن تُحلّ مشكلة الدستور. بيد أن الدستوريين استمروا بالاجتماعات من أجل الوقوف على التطوّرات السياسية في البلاد غير آبهين للمنع والتهديد.

تعقدت الأمور كثيراً، أخذ الصراع بعداً آخر. إذ دخلت عناصر جديدة على الساحة السياسية. فمقابل التظاهرات الداعمة للمجلس والدستور، خرجت تظاهرات تقودها

---

(29) العدساني (خالد سليمان)، مرجع سابق، ص 79.

(30) المرجع نفسه.

مجموعة من الإيرانيين الذين يعيشون في الكويت، مؤيدة لمواقف الحاكم. بل تطالب برفض دستور المجلس.

أمام هذه الحالة الاستثنائية، قلق الكويتيون من هذا التطور الخطير. خاصة وأن هذه الأقلية كانت على اتصال مباشر بالسلطات البريطانية. وكان التساؤل هو كيف لحاكم البلاد الاستناد إلى أقليات ليست كويتية لدعم موقفه؟ وصل الصراع بين الشيخ وشعبه إلى نقطة الانفجار. فأمر الشيخ في 7 آذار/مارس 1939، بحل المجلس.

كان لهذا السقوط المدوي تبعاته. إذ أعقب حل المجلس أحداث دموية استشهد فيها محمد عبد العزيز القطامي، ومحمد المنيس، الذي جرى إعدامه، كما اعتقل عدد من النواب وأنصار المجلس. وهناك من هرب بحثاً عن الأمن في العراق (31). وبسقوط المجلس سقطت البلاد في عتمة الزمن، ولكن إلى حين.

ثمة مسألتان رئيسيتان طبعتا الصراع في هذه الحقبة الهامة من تاريخ الكويت الحديث. الأولى، هي الصراع الوطني بين التبعية والاستقلال، وإن لم يكن معلناً. والثانية، هي صراع حقيقي بين ثقافة الإصلاح وثقافة الاستبداد. كان الصراع عميقاً جداً. أدى قرار حل المجلس الكويتي، إذن، إلى إعاقة

---

(31)   الديين (أحمد)، مرجع سابق، ص42.

التطور السياسي، والنمو الثقافي. وسيتأخر دخول الحياة الديمقراطية إلى الكويت أكثر من عقدين. كان عليها انتظار مجيء الشيخ عبدالله السالم لإنقاذها من مأزقها التاريخي.

الجزء الرابع:
الحقبة الناصرية مرحلة التأسيس الفكري في الخليج

إن جوهر الاستعمار، هو تفريغ الإنسان من هويته الوطنية والثقافية. هو أن يهمش وجوده كإنسان. وبالمقابل، أن يتمسك الإنسان بهويته هو أن يتمسك بحريته وبإنسانيته. هكذا، تجمع الهوية الوطنية والثقافية بين الإنسانية والحرية. بين الوجود والإلغاء.

كانت منطقة الخليج، طوال قرن ونيف، مغمورة في ثقافة المحميات البريطانية، مبتورة عن محيطها العربي. فاقدة لهويتها الوطنية والثقافية. ومفقرة إنسانياً ومعنوياً. وإن كان لها شيء من الثقافة العربية، فلم تتعدَّ ثقافة العشيرة، ثقافة الرعية والأتباع، وليدة الحقبة الكولونيالية الطويلة. كانت تعيش خارج تاريخ الأحياء.

لم تأت لحظة اليقظة، لحظة الوعي بالذات الوطنية والثقافية، إلا مع ظهور الفكر القومي الذي زفته ثورة 23 تموز/يوليو 1952. إذ لعب الفكر الناصري دوراً كبيراً في إعادة صوغ الهوية الوطنية والثقافية، وإعادة بعث وعيها بانتمائها. وكان لعبارة عبدالناصر، "ارفع رأسك يا أخي فقد

انتهى عصر الذل"، مثل وقع نداء الصلاة في نفوس المؤمنين. وهكذا، تمكن، وفي وقت قصير، من إعادة ترميم الكرامة العربية، وتشييد ثقافة الانتماء والحرية.

كانت الأقطار العربية تتصارع مع الإرث العثماني الثقيل. وكانت المجتمعات العربية، منذ عشرينيات القرن، حبلى بصنوف الحراك السياسي والثقافي. كان هاجس الذات الوطنية قوياً. كل شيء كان يحتاج إلى إعادة تعريف وتأسيس وبناء، وفي المقام الأول، الهوية الوطنية والثقافية. تلك كانت رسالة الأجيال القادمة.

فضلاً عن ذلك، كانت الأمة تمر بمرحلة مفصلية في تاريخها الحديث، مرحلة التقسيم والتوزيع الاستعماري، نتيجة لاتفاقية (سايكس - بيكو عام 1917) الشهيرة، التي بعثرت العالم العربي، ومزقته كقطعة قماش متهرّئة، وبالتالي، رسمت له قدراً استعمارياً مركباً ومتعدداً. على عكس، التجربة الأندونيسية مثلاً، التي خضعت لاستعمار واحد، هو الاستعمار الهولندي. علماً بأنها تتكون من 13000 جزيرة. ظلت موحدة. وعندما تمكنت من طرد المستعمر، شكلت دولة وطنية واحدة. كان قدر العالم العربي أكثر مأساوياً عندما استعمر، وليس أفضل كثيراً بعد أن تحرر وبقي ممزقاً.

يبقى أن الاتفاقية التي قسمت الجغرافيا، وما زالت تبعاتها، بعد مائة عام، تنخر في جسم الأمة العربية ووجدانها

وتعيق وحدتها، لم يكن بإمكانها تجزئة التاريخ وتقطيع الهوية. فتلك أمور لا تخضع لسطوة الغزاة، أو سلطان السياسة. إنها تتعلق بوجدان الأمم وكيمياء ثقافاتها.

قسّم العالم العربي سياسياً وجغرافياً لكن لم ينفصل ثقافياً ووجدانياً. لم يكن ثمة مشروع لإعادة بناء الأمة، على نحو واضح، قبل ولادة الفكر القومي. كان هو المسار الأكثر تعبيراً عن ولادة أمة منعتقة من أغلال التاريخ والماضي الكولونيالي.

ثمة محطات تاريخية سبقت هذا الحراك الوطني. كان أولها ثورة العشرين في العراق ضد الإنجليز، التي بعثت الروح الوطنية العراقية. تلتها الثورة الكبرى في فلسطين عام 1936، لتبين حجم التحدي الحضاري الملقى على عاتق الشعوب العربية. فوجود الكيان الصهيوني سيمثل كسراً مستمراً لبناء مشروع الأمة العربية. في سياق آخر، مكمل، كان هناك حراك المفكرين النهضويين في مصر، وكان لهم كبير الأثر في الوعي العربي بشكل عام. فالأوطان والأمم والحضارات لا تبنى وتشاد إلا بالفكر والنضال الوطني الدؤوب.

مشروع كسر الأمة

على نحو عام، شكلت هذه الحقائق وغيرها، الأطر العريضة لطبيعة الصراع في المنطقة. وقد تمحورت، في

مجملها، حول النضال للتخلص من ثالوث مأزق التاريخ العربي، الاستعمار، الاستبداد، والتجزئة. ومن ثم محاولة صوغ مشروع لأمة عربية موحدة وناهضة. بيد أنه في غمرة ذاك الحراك الداخلي، أتى قرار تقسيم فلسطين عام 1947، ليشكل أكبر التحديات للفكر والوجـ دان العربي.

فاقت صدمة الشعوب العربية كل تصور. ففي لحظة التأمل في مشروع الحرية والنهوض، أتى زرع هذا الكيان الاستيطاني في فلسطين، ليضيف تحدياً وجودياً آخر، أعمق، يعيق تحرر الأمة ونهوضها. وستتحول المسألة الفلسطينية إلى قضية محورية لكل قضايا التحرر العربي. من هنا أهمية ظهور الفكر القومي، الذي جسدته ثورة 23 تموز/يوليو 1952. لم يقدم الفكر الناصري أيديولوجيا معينة، كما زعم البعث. لم يكن تنظيماً متماسكاً كما الأحزاب الشيوعية. تمحورت رؤيته السياسية على أبجديات: الحرية، المساواة، الوحدة، والكرامة الإنسانية والوطنية.

خاطب عبد الناصر، إذن، فطرة الإنسان العربي. خاطب معنى وجوده وحياته. وكان ذلك مصدر قوته. وفي ما خص فكره الوحدوي، فقد ورد في الميثاق الثوابت الآتية: إن الوحدة في نظره ليست في حاجة إلى إثبات حقيقتها، هي حقيقة الوجود ذاته. فوحدة اللغة تصنع وحدة الفكر والعقل. ووحدة التاريخ تصنع وحدة الضمير والوجدان. ووحدة الأمل

تصنع وحدة المستقبل والمصير (32). في هذه الظروف، تم تشكيل حركة القوميين العرب في بيروت عام 1950. ثم انتشرت في العالم العربي على نحو لافت جداً. وستلعب دوراً كبيراً على مستوى منطقة الخليج العربي.

عام 1953، خرج رئيس وزراء الكيان الصهيوني، ديفيد بن غوريون، قائلاً، أخشى ما أخشاه هو بروز قائد كصلاح الدين يعيد توحيد العرب ويجعلهم قوة عالمية مجدداً. وأخشى أن يكون عبد الناصر هو هذا القائد. لم يكن بن غوريون مخطئاً، فقد كان عبد الناصر صلاح الدين عصره، لم يقدر له أن يعيش طويلاً، لكنه تمكن من توحيد العرب فكراً ووجداناً حول مشروع الأمة.

عوام الديمقراطية في إيران

من جانب آخر، ثمة عامل إقليمي جديد أتى ليصب في مسار الحراك الإصلاحي الخليجي. كانت تجربة إيران الديمقراطية في عام 1951، تسلم زعيم الجبهة الوطنية، محمد مصدق، رئاسة الحكومة في طهران. لكن سرعان ما أسقطه الشاه خوفاً من برامجه الإصلاحية الوطنية، ومشروع تأميم النفط خاصة. بيد أن شعبية مصدق ومصداقيته كانتا أكبر

---

(32)   الميثاق ، الباب التاسع، قدمه الرئيس عبد الناصر في المؤتمر الوطني للقوى الشعبية، القاهرة، 1962.

من شعبية الملك ذاته. وبفعل تحد استثنائي، التفت كل القوى الوطنية والديمقراطية، حول زعيمها الوطني، وحملته الجماهير الإيرانية، على أكتافها، لتضعه على كرسي الحكومة من جديد، مطالبة بإعلان الجمهورية.

هرب الشاه وترك العرش وراءه. وهكذا دأب أمثاله عند أزوف ساعة الحقيقة. الممالك غير الدستورية لا تدوم إلا بالظلم والقهر. استبشر الإيرانيون خيراً. وبدأت البلاد تستعد لبناء مستقبلها الديمقراطي. وهي التي تمتعت بكل مقومات النهوض المادي والمعنوي. كان من أهم القرارات التي اتخذها مصدق، بعد تسلمه رئاسة الوزارة للمرة الثانية، تأميم شركة النفط الانجلو- إيرانية. وهو أول قرار استراتيجي تتخذه دولة نفطية منتجة. تلاه إلغاء كل اتفاقيات الإذعان، التي فرضها الإنجليز، وطرد الخبراء البريطانيين. ومع قصر مرحلة مصدق، سيترك هذا القرار التاريخي آثاراً إستراتيجية على كل الدول النفطية، أولها العراق والكويت ومن بعدهما الجزائر وفنزويلا. إذ إنه حتى بعد إسقاط مصدق، وعودة الملكية، وجدت شركات النفط نفسها مجبرة، تفادياً لانتشار فكرة التأميم، على قبول فكرة الشراكة مع الدول المنتجة، بدلاً من احتكاره التام، كما كان عليه الأمر في إيران قبل مجيء مصدق.

بيد أن الإمبريالية الأمريكية الصاعدة، بعد الحرب العالمية الثانية، لم تستكن لتحدي مصدق. فأخذت على عاتقها إسقاط حكومته الوطنية، وأعادت الشاه إلى العرش،

بالانقلاب المعروف، الذي دبرته المخابرات المركزية عام 1953. وهكذا، بدلاً من أن تدخل إيران عصر الدولة الديمقراطية، ولجت، بفضل الولايات المتحدة وبريطانيا، إلى مملكة الخوف والفساد.

الديمقراطية، إذن، تحتاج إلى الاستقلال يحصنها. ولا يمكن لها أن تستقيم دون الاستحقاقات الوطنية وأولها السيادة. ولا إصلاح حقيقي دون تأميم كامل للثروة الوطنية بكل أنواعها. فسيادة الثروة الوطنية هي من سيادة الوطن. ولا يمكن تجزئتهما البتة. فكل سيادة هي سيادة منتقصة دون الأخرى. ثم من غير الطبيعي أن تشيَّد شرعية ديمقراطية حقيقية، تعبر عن الإرادة العامة، على أرضية تبعية استعمارية. علمتنا تجربة الكويت عام 1938، ذلك. وأعادت تأكيده لنا تجربة مصدق 1955 (*).

_____

(*)   لم تعش تجربة محمد مصدق أكثر من ثلاثة أعوام معدودة، من1951حتى 1953. لم يتسن لها الوقت الكافي للنهوض بإيران. كانت تجربة عابرة، لكنها مشحونة بكل الدلالات السياسية كما الثقافية. والتاريخ لا يقاس بأعوام وعقود، بل بحجم الإنجازات وعمقها. وقد تحقق للشعب الإيراني، سياسياً واقتصادياً وثقافياً، في هذه الأعوام الثلاثة، ما يتجاوز كل ما تحقق في عهد الملكية على مدى نصف قرن. والحال، إن أبعاد ودلالات هذه الملحمة الديمقراطية الإيرانية، لم تنحصر في السياسي والاقتصادي، بل ربما، كان الأثر الأهم، في إثراء ثقافة الحرية والسيادة.

وجدير بالذكر، أن العلاقة الإيرانية المصرية في عهد مصدق كانت على أفضل ما يرام؛ وقد استقبل مصدق في القاهرة، التي زارها خلال عودته من نيويورك، استقبال الأبطال. كان المشترك الفكري بين الرجلين كبيراً. فكلاهما ظاهرة متكاملة مميزة في تاريخ التحرر الوطني الحديث. واللافت أنه عندما تكون الحكومات وطنية تكون الشعوب في حالة وئام أكثر. ومن سخرية القدر، أن ينتهي عهد محمد مصدق، قبل أن يبدأ العهد الحقيقي لجمال عبد الناصر بسنوات قليلة. كان ذلك من مكر التاريخ. ولنا أن نتصور وجه التاريخ المعاصر لو قدر لهاتين التجربتين أن تتزامنا.

الجزء الخامس:الشيخ الديمقراطي
عبد الله السالم:
الاستقلال والدولة الحديثة

عام 1950، تسلم الشيخ عبد الله السالم آلصباح الحكم في الكويت. وإذا كانت مرحلة الشيخ أحمد جابر آلصباح (1950-1921)، قد اتسمت بالاضطرابات واهتزاز الهوية الوطنية، وبتأجيل مشروع الإصلاح والنهوض، فإن مرحلة الشيخ عبد الله السالم مثلت ولادة الكويت الحديثة. لن تحصل البلاد على استقلالها إلا عام 1961. بيد أنه خلال هذا العقد بدأت الكويت تستعد لدخول التاريخ المعاصر كدولة مؤسسات متقدمة في منطقة الخليج العربي.

لم تكن الكويت لتأمل بأفضل من أرض تفيض بالثروة وحاكم عادل. والحاكم العادل هو، بالضرورة، رجل وطني. فمن يحرص على سيادة الإنسان، لا بد وأن يحرص على سيادة وطنه. وكان حاكم الكويت الجديد، فوق ذلك، رئيساً لمجلس الأمة عام (1938-39). فهو، إذن، ذو ميول

ديمقراطية. وما يلفت النظر حقاً، أن من أهم القرارات التي اتخذها، بمبادرة ذاتية، هو نقل معظم الدخل المتأتي من الإيرادات النفطية من حساب الحاكم، أي حسابه، إلى حساب الدولة (33). ووضع للحاكم راتباً سنوياً.

ولهذا القرار الكبير معان ودلالات كبرى. فلم يعد النفط، إضافة إلى موارد البلد الأخرى، بعد هذا القرار، ملكية خاصة للحاكم، كما هو الحال في كل الدول الخليجية الأخرى، بل هو جزء من الثروة الوطنية. قبل هذا القرار لم يكن ثمة ما يعرف بثروة وطنية. ولا يذكر لنا التاريخ موقفاً شبيهاً لحاكم يتخلى عن هذه الثروة الهائلة طوعاً. إن مثل هذه المواقف الاستثنائية تحتاج إلى شخصيات استثنائية. وهذا أحد المواقف التي ضمنت، لهذا الرجل الكبير، مكاناً خاصاً في تاريخ الخليج.

ما من قارئ لتاريخ الكويت الحديث، يمكن أن يتوقع أن تنظر بريطانيا بعين الرضا إلى مجيء الشيخ عبد الله السالم حاكماً للبلاد. فبقدر ما كان هو يعرف مستعمري بلاده، وقد تعامل معهم عن كثب خلال عقود طويلة، كان الإنجليز يعرفون جيداً مواقف الحاكم الوطنية وميوله الديمقراطية خاصة. ولذلك، حاول الإنجليز وضع بعض الشروط مقابل

(33) الديين (أحمد)، مرجع سابق ، ص.45.

الاعتراف به حاكماً. سيدخل عبدالله السالم في صراع مستمر مع الإنجليز. لكن في خاتمة المطاف ستخضع بريطانيا لمطالبه، التي لم يتراجع عنها قيد أنملة، وخاصة في الجوهري منها، أي في ما يتعلق بمسألة اتفاقيات النفط الكويتية.

من أهم الشروط التي ألحت عليها بريطانيا مقابل الاعتراف، ضرورة تسمية وليٍّ للعهد، وتعيين مستشارين إنجليز للحاكم. وهذا تدخل سافر في جوهر الشأن السيادي. رفض الحاكم ذلك، مكتفياً بقبول بعض الخبراء، ووفق شروطه هو. ثم باشر بمعالجة مسألة الاتفاقات النفطية، وهي المسألة المركزية في العلاقة مع بريطانيا. فطلب إعادة التفاوض على شروط اتفاقية احتكار النفط الموقعة عام 1934. والواقع، إنها لم تكن اتفاقيات بالمعنى القانوني. بل وثائق نهب النفط والثروات الوطنية.

لم يحمل الإنجليز الكثير من الود لعبدالله السالم، وقد أخروا الاعتراف به. ويعتقد الخطيب، بأن استعجال عبدالله السالم بإدخال إصلاحات كبيرة في بداية عهده، كان لمواجهة الضغوط الإنجليزية. فكلما زادت شعبيته، زادت قدرته على مواجهة الإنجليز ومطالبهم (34).

---

(34)   الخطيب (أحمد)، مرجع سابق ، ص 102.

كان الشيخ، إذن، يعرف أعداءه. وفي إطار صراعه معهم حول مسألة النفط، حاول عبدالله السالم الاستفادة من المفاوضات، التي كانت جارية، آنذاك، بين العراق وبريطانيا بشأن عائدات النفط العراقي. كان ينتظر نتائجها ليطلب المعاملة بالمثل. ففي انتصار العراق في صراعه مع شركات النفط، مكسب للكويت أيضاً.

وفعلاً، أبلغ البريطانيين بأنه غير مستعد لقبول أي اتفاقية تعطيه أقل من الاتفاقية التي تتوصل إليها الحكومة العراقية. لكن إلى جانب موقفه من الثروة الوطنية، كانت حججه لافتة للنظر. إذ أكد لهم بأن مجرد حصوله على أي عرض أقل مما سيحصل عليه العراق سيكون بمثابة خيانة وطنية لشعبه. وهو ليس مستعداً لقبول ذلك. إنه ينوي الحصول على اتفاقية محترمة تعزز كيان شعبه وتؤكد كرامتهم (35). هذا الموقف المشرف، ودرجة الحرص على المصالح الوطنية، عبرا عن وعي سياسي وطني متقدم، خاصة وأنهما لم يكونا من التعابير المألوفة لدى الكثير من الحكام العرب.

---

(35)	النجار(غانم)، مرجع سابق ، ص 34.

الحراك الثقافي والسياسي الوطني

كانت حقبة الخمسينات غنية بالأحداث السياسية والتحولات الكبرى في العالم العربي، وخاصة في سورية، والعراق ومصر. وستعيش الكويت، ومعها الخليج، تردداتها، وإن كان بنسب متفاوتة. في عهد الحاكم الجديد، بدأ نبض الإصلاح يتحرك في المجتمع الكويتي مجدداً. وستستعيد الحركة الوطنية بناء ذاتها، بقيادة حركة القوميين العرب. وكانت الكويت مركزها في المنطقة.

بعد أحداث المجلس التشريعي الدامية عام 1939، كما رأينا، ساد الكويت جو سياسي خانق. إذ توقف كل نشاط اجتماعي وثقافي وحتى رياضي، ما أدى إلى شل أي حراك وطني. كان زمن الوهن السياسي والتصحر الثقافي. وفي عهد عبد الله السالم بدأ المجتمع يستعيد أنفاسه. ودخلت العناصر الوطنية في الأندية الرياضية، لتنشئ فيها لجاناً ثقافية، من أجل خلق الحراك الثقافي والسياسي في البلاد. وسرع ان ما أعطت جه ودهم ثمارها (36).

بدأ أول أشكال الحراك، من الثقافي إلى السياسي، بإشهار عدد من الجمعيات والأندية الثقافية. أهمها، نادي

(36) الخطيب (أحمد)، مرجع سابق ، ص 121.

المعلمين، ونادي الخريجين لاحقاً، والنادي الثقافي القومي، الذي مثل واجهة حركة القوميين العرب. كما بدأت نواة الحركة النقابية، وتأسس نادي العمال. وافتتح لاحقاً المسرح الكويتي، وكذلك دور للسينما. تلا هذا البناء التحتي اللافت، ظهور نحو عشرين صحيفة ومجلة. مثل مجلة الرائد، التي أصدرها نادي المعلمين في 1952، ومجلة الإيمان، التي أصدرها النادي الثقافي القومي عام 1953. كذلك صحيفة الإرشاد، وصحيفة الفجر، التي صدرت عن نادي الخريجين في عام 1955 (37).

لم تغفل الحركة السياسية الكويتية نضالها القومي العربي. إذ أخذت على عاتقها توسيع تنظيمها السياسي ونشر الفكر الوطني والقومي، والتصدي للمشاريع الاستعمارية في المنطقة. كانت مساهماتها في الكويت كبيرة، وبشكل خاص لجهة تطبيق مسألة قرار المقاطعة الإسرائيلية. وفعلاً، كانت الكويت أكثر البلدان العربية انضباطاً في تنفيذ هذا القرار القومي.

ساعد موقع البلاد الجغرافي، المحاذي للعراق، والقريب

---

(37) الخطيب (أحمد)، مرجع سابق ، ص 121. والديين (أحمد)، مرجع سابق . ص 46.

من الدول العربية الأخرى، مع وجود حركة القوميين العرب النشطة، على تفاعل الكويتيين مع الأحداث في العالم العربي. بل عاشت منطقة الخليج ككل على إيقاع الأحداث في القاهرة خاصة.

على الصعيد الآخر، كان ثمة تطور سياسي لافت. فقد اتخذت الحكومة، خاضعة لمطالب القوميين الكويتيين، قرار إعادة تشكيل أربعة مجالس، المجلس البلدي ومجلس المعارف والصحة والأوقاف. وكانت مجالس منتخبة، وتستمد روحها من إرث مجالس عام 1938. وستشكل أرضية صلبة لبناء الدولة الحديثة. رافق ذلك مطالبة الحركة الوطنية، باستئناف المشاركة الشعبية والإصلاح. وقد رفعت، بهذا الشأن، عرائض متعددة إلى الحاكم الجديد.

كانت بريطانيا تراقب التطورات في المجتمع الكويتي، كما البحريني بالطبع، بدقة متناهية، لا تخلو، أحياناً، من السخرية والاستغراب (*) وقد ركزت جل اهتمامها على دور

(*) نرى في بعض الوثائق البريطانية تقارير مخبريها وجواسيسها يعدون حتى عدد تصفيق الحضور خلال - محاضرات الزوار من الأكاديميين والسياسيين المصريين إلى الكويت. كم صفقة عندما يتحدث المحاضر عن الوحدة العربية وكم صفقة عند ذكر اسم عبد الناصر. وكم صفق الحضور عند ذكر دول عدم الانحياز..الخ. بيد أن ما لم يكن باستطاعة الكولونيالي إدراكه، هو أن المسألة لا تتعلق بنشاطات سياسية يمكن مراقبتها، بل إن هناك تحولات في عمق الثقافة في الخليج.

المدرسين العرب، المصريين والفلسطينيين، المؤثر في البلاد لكونهم الجسور الرابطة بفكرة الوحدة العربية. وسنرى ذلك لاحقاً في التجربة البحرينية القادمة.

أزمة السويس ومشروع احتلال آبار النفط في الكويت

في عام 1956، حدثت نقلة نوعية تاريخية في الحياة السياسية والثقافية في العالم العربي. ففي الذكرى الرابعة لثورة تموز/يوليو، أعلن عبد الناصر قرار تأميم قناة السويس. ولئن صح القول، إن الثورة هي فن إبداع الأشياء الكبيرة، فإن الشيء الكبير الذي ابتدعته ثورة 23 يوليو، هو قرار التأميم. ففي القرار تجسيد للثورة، والشروع في تطبيق المشاريع التنموية الاشتراكية. وضع القرار حداً لآخر تجليات التبعية السياسية والاقتصادية. وبهذه الخطوة انطلقت مصر، طليقة من قيود الكولونيالي وإرثه، إلى فضاء السيادة بكل تجلياتها.

كانت قناة السويس، وهي ممر عالمي حيوي، مملوكة حصراً من الشركات البريطانية والفرنسية. لم تكن تمثل إرثاً كولونيالياً فحسب، بل رمزاً لنفوذه في مصر. بالمقابل، لم تكن خطوة تأميم ثروة وطنية، وتأكيداً على سيادة، بل هزيمة للفكر الاستعماري ذاته. ذلك هو حجم الخطوة. ضرب قرار التأميم، إذن، العصب الكولونيالي في العمق. وشكل إرباكاً واضحاً لأصحاب القرار في لندن وباريس.

غداة إعلان القرار، استفاقت الشعوب العربية على فجر جديد. لم يكن وقعه على نفوسها أقل من تأثير ثورة يوليو 1952، بل، كانت أهمية القرار توازي أهمية الثورة ذاتها. ولئن كان قرار مصدق بتأميم شركة النفط الانجلو- إيرانية، عام 1953، قد أعاد صوغ مفهوم الثروة الوطنية والسيادة، فقد جسد قرار تأميم السويس الفكر التحرري السيادي. تجاوز مدلوله السياسي إلى المعنوي، إلى الفكري، إلى الثقافي. كل الدلالة كانت في قدرة دولة عربية، محسوبة على ما كان يسمى ب "العالم الثالث"، أن تقف، بإرادة وطنية صلبة، في وجه دولتين عظميين، وتنتزع منهما حقوقها الوطنية. وهكذا أخذ الفكر الناصري عمقه الحقيقي في الوجدان العربي.

ما العمل؟ كان سؤالاً مؤرقاً للندن وباريس على السواء. قبول هذه الصفعة يعني الاستسلام لهذا التحدي التاريخي لهيبة الغرب، الذي كان لا يزال وقتئذ منتشياً بالنصر في الحرب العالمية الثانية. ولنتذكر بأن بريطانيا كانت تمثل أكبر إمبراطورية، بعد الرومانية، في العصر الحديث. بيد أن البديل لم يكن بالأمر اليسير أيضاً.

والإجابة، إن كانت هناك إجابة، يجب أن تكون بحجم التحدي. في خطوة أولى ذهبت الدولتان إلى مجلس الأمن، في مسعى لاستصدار قرار يبطل التأميم. لكن المسعى أُفشل

111

بفضل موقف الاتحاد السوفياتي، المتضامن مع مصر وزعيمها آنذاك. وقد أضاف هذا الفشل تصدعاً إلى الإرباك.

لنرَ إلى ما يقوله تقرير المقيم السياسي في البحرين الذي كتبه بتاريخ 13 آب/أغسطس 1956، الذي يبين عمق التخبط الذي خيم على أصحاب القرار البريطانيين. ويذكر أن أي عمل مستقبلي ناجح ضد مصر لن يسهل المحافظة على وضعنا هنا، بل على العكس. ويحدد النقاط الآتية:

أ) ناصر لا يزال بطلاً بالنسبة إلى كل العرب. إن هزمه من قبلنا سينظر إليه كإذلال للعرب جميعاً، وسيؤدي إلى نقمة أكثر من احترام. (...).

وربما خلال عام أو عامين سيعرفون ناصر، أو أنهم سيدركون الخطر الذي يمثله لكل العالم العربي.

ب) يعتمد موقعنا في دول الخليج الفارسي، جزئياً، على التدخل بالقوة إذا دعت الحاجة لذلك. وكلياً، على تقبل السكان المحليين لذلك. (...) لكنهم لن يستمروا في هذا الشعور إذا ما قمنا بمهاجمة مصر. وحتى أولئك الواعون لأهمية وجودنا بالنسبة إليهم، وخاصة الحكام وكبار الشخصيات وكبار التجار، سيواجهون ضغوطاً كبيرة، وسيكون من المستحيل عليهم الشعور بأنهم عرب، والاستمرار في صداقتهم لنا.

ويضيف التقرير بأنه إذا استمرت حالة الاضطرابات سيتوجب علينا إخلاء بعض البريطانيين. لكن ذلك سيخلق حالة من الشك المشترك، كما سيؤدي إلى خسارة مواقعنا في الحكومات المحلية والتجارة الأمر الذي سيصعب علينا استعادته.
كما أن أي عمل ناجح من قبلنا ضد القوات المصرية، سيبدو لكل العرب كخدمة لإسرائيل. خاصة، وأن سياساتنا تجاه فلسطين ممقوتة بشكل عام أصلاً. في ضوء احتمال ردود الأفعال هذه، فإن كل عرب الخليج سينهون علاقتهم الخاصة بنا، بالإضافة إلى احتمال القيام بمحاولات لجعل امتيازات النفط صعبة التطبيق. ولذلك يتوجب علينا المحافظة على وجودنا هنا بالقوة. ويختم التقرير بإشارته إلى أن الصورة أعلاه تنطبق بشكل خاص على الوضع في الكويت، وهي الأقرب لباقي العرب، ولكن سيكون لذلك نفوذ كبير على عدة عوامل مؤثرة في البحرين (38).
في الشكل، يلخص التقرير درجة الحيرة السياسية لدى صناع القرار في لندن، أما في الجوهر، فيظهر عمق مأزق

---

(38) FO. 371/120571. Report addressed to the foreign office regarding the repercussion of the Suez Canal dispute.

الفكر الكولونيالي عندما يواجه تحدياً وطنياً جاداً. لكن، في الوقت الذي كانت القيادات السياسية تدرس كل الاحتمالات، كانت، أيضاً، تعد خططها لاحتلال آبار النفط في الكويت، خشية، كما تقول تقاريرها، من تعرض شركاتها النفطية للتخريب. كانت هذه المؤشرات تدل على إعداد بريطانيا وفرنسا للعدوان على مصر. في عملية ستعرف ب "Operation Musketeer" .

يقول التقرير المعنون "The Protection of Oil Area in Kuwait" ، بأنه تم الاتفاق، في الاجتماع الذي عقد بتاريخ 21 آب/أغسطس، على خطة تعزيز القوات البريطانية في الخليج بشكل عاجل. وذلك من أجل حماية مواقعنا النفطية في الخليج الفارسي. وقد تقرر نقل القوات البريطانية من عدن إلى البحرين والشارقة.

ويطرح التقرير التساؤلات التالية للنقاش. هل يتوجب نقل القوات إلى مواقع النفط (يعني احتلالها)، يوم بدء العملية العسكرية على مصر؟ وهل يتوجب إبلاغ الحاكم بذلك؟ يقر التقرير بضرورة إبلاغ الحاكم بأهمية هذه العملية. لكي نضمن دوره المعتدل في معالجة تداعيات العملية.

فعدم إبلاغ الحاكم مسبقاً بالعملية، كما يقول التقرير، سيشكل له مبرراً للادعاء، وعن حق، بأن علاقة حكومته مع

حكومة صاحب الجلالة قد تحطمت. وسيغسل يديه من نتائج العملية. خاصة وأن الاتفاقات المعقودة تعتبر الكويت دولة مستقلة، ولا تسمح لبريطانيا بالتدخل العسكري. وفي النهاية سندفع بالكويت إلى المعسكر المصري. وربما سيؤكد حينها، بأن المملكة المتحدة، وليست مصر، هي التي تنهب نفط دول الشرق الأوسط ( ).

لكن كيف السبيل إلى إقناع حاكم بعملية احتلال مواقع النفط في البلاد؟

في نظر البريطانيين هو مجرد حماية، لكنه في نظر العرب هو احتلال واعتداء. لهذه المهمة المستحيلة كلفت السلطات البريطانية المقيم السياسي إقناع الحاكم بضرورة ذلك. والتركيز بشكل خاص، على أن قرار تأميم السويس يهدد الاقتصاد الكويتي. وبأن هدف عبد الناصر هو السيطرة على العالم العربي. ولاحقاً الاستيلاء على نفط الدول العربية.

يذكر التقرير بأن التدخل العسكري غير محبذ من حيث المبدأ، لأنه يعتبر أمراً يغيظ الحاكم وشعبه الغيور على الاستقلال أكثر من دول الخليج الأخرى (40). وقفت القوات البريطانية مستعدة لاحتلال آبار النفط، لكنها لم تتخذ قراراً بالتدخل.

---

(39) FO. 371/120618. Protection of the Oil Areas in Kuwait

(40) المرجع نفسه

في تشرين الأول/أكتوبر 1956، كما هو معروف، شنت بريطانيا وفرنسا وإسرائيل، عدواناً ثلاثياً على مصر. كان الهدف هو إعادة احتلال قناة السويس. إلا أن الهدف، الإستراتيجي الأهم، هو ضرب الفكر القومي العربي، لأن قرار التأميم يحمل من الرمزية، السياسية والفكرية، أكثر بكثير من أهميته المادية والاقتصادية. بيد أن العدوان فشل والتفاصيل معروفة.

فعلاً، تمكنت الدول الغربية من إلحاق ضرر كبير بالقوات المصرية، لكنها لم تحقق نصراً، لا عسكرياً ولا سياسياً. بل، خرجت بهزيمة مشهودة. قرار التأميم ظل قائماً ومحصناً أكثر. أولاً، ثبته فشل مجلس الأمن عن إبطاله. وثانياً، ثبتته القيادة الوطنية المصرية بعزيمتها وقوة مقاومتها. وحقق الفكر الناصري نصراً باهراً. وخرجت مصر أقوى، معنوياً وسياسياً، من قبل قرار التأميم. وتسلم عبد الناصر شرعية تاريخية وأخلاقية لقيادة الأمة العربية. ستتمتع بها مصر في عهده، وستفقدها بغيابه عام 1970.

خلق انتصار عبد الناصر حالة يقظة سياسية ومعنوية جديدة في العالم العربي. وأعطى الشعوب العربية طاقة أخلاقية هي في أمس الحاجة إليها. أسقطت هيبة الكولونيالي، ولم يعد قدراً لا مرد له. وسقطت بالإضافة إلى ذلك، مكانة النظم التقليدية، وغدت عرضة للنقمة، الظاهر منها والمستبطن.

الاستقلال والحياة الديمقراطية

عام 1961، أعلن استقلال الكويت منهياً بذلك استعماراً بريطانياً دام أكثر من قرن ونصف قرن. بيد أن خبر إعلان استقلال الكويت أدهش الجميع بمن فيهم الشعب الكويتي ذاته. فلم يكن مطلب الاستقلال مطروحاً. ولماذا كان الأمر يتعلق بالكويت وحدها، وفي ذلك التاريخ تحديداً، وليس المستعمرات البريطانية الأخرى في المنطقة؟. بالفعل، تأثر هذا القرار البريطاني الأحادي بعوامل خارجيّة إقليميّة. أهمها الثورة العراقية عام 1958، بقيادة عبد الكريم قاسم، التي أسقطت الملكية، ومعها النفوذ البريطاني في العراق. على ضوء ذلك، استوجب على بريطانيا أن ترسم لنفسها إستراتيجية جديدة تجاه مستعمراتها في الخليج. ولئن كانت أحداث العراق أدت إلى منح الكويت استقلالها، فإن الثورات التي اندلعت في دائرة النفوذ البريطاني، ستجبرها على منح باقي الدول الخليجية المستعمرة استقلالها لاحقاً.

إلا أن الاستقلال وحده لم يعد كافياً. فالاستحقاقات التاريخية كانت كبيرة. غداة الاستقلال طالب عبد الكريم قاسم بضم الكويت. وقد تطلب ذلك رداً، من خلال رص الجبهة الداخلية وتوحيدها. وذاك عبر وضع دستور متقدم للبلاد، تلاه تشكيل مجلس أمة منتخب، من خمسين عضواً.

وإقامة دولة حديثة قادرة على كسب اعتراف المجتمع الدولي، (41) وضَمِن استقلالها. جدير بالذكر، أن أبرز أقطاب الحركة الوطنية الكويتية، في الخمسينات والستينات، من القرن العشرين، سيكونون من أبناء قادة حركة مجلس الأمة التشريعي في الثلاثينات. وكأنهم يشكلون امتداداً تاريخياً لتلك الحركة. واللافت، أيضاً، أن الرئيس القادم للمجلس التأسيسي لعام1962، السيد عبداللطيف محمد ثنيان الغانم، كان عضواً في مجلس الثلاثينات، وحكم عليه بالسجن بعد حله (42).

يبقى أن هناك من اعتبر دخول الكويت المرحلة الديمقراطية أتى بإيحاء من البريطانيين. وذلك لجهة تحصين الكويت من الموجة القومية. ليس ثمة ما يؤكد ذلك. ومهما يكن، فإن هذا القول لا يصمد أمام حقائق التاريخ. ونضال الوطنيين الكويتيين معروف. والحال، أنه لولا موقف الإنجليز، من القوى الوطنية الدستورية في الكويت، كما رأينا سابقاً، لدخلت الكويت الحياة الديمقراطية منذ مجلس عام 1938. ومواقف بريطانيا من هذه التجربة مدونة في وثائقها الرسمية. وفي النهاية، لا يمكن للحياة الديمقراطية إلا أن

---

(41) الديين (أحمد)، مرجع سابق ، ص. 15.

(42) المرجع نفسه ، ص. 42.

تنفتح على محيطها العربي، والوطني الحقيقي هو بالضرورة قومي الانتماء.
ربما حاولت بريطانيا الاستفادة من هذه التجربة الديمقراطية في الكويت، اعتقاداً منها أن الاستقرار السياسي، والرخاء الاقتصادي، قد يبعدان الكويتيين عن المشترك العربي. بيد أن التزام الكويتي بالقضايا القومية بقي قوياً على الصعيدين، الشعبي والرسمي.
وفي هذا الخصوص تحديداً، أصدرت حركة القوميين العرب بياناً أكدت فيه بأن الكويت جزء من الأمة العربية، وستعمل لإفشال أية محاولة إنجليزية لعزل الكويت عن الأمة، وبتأكيدها على الهوية العربية. كما قال البيان، بأن حركة القوميين العرب ترى في الاستقلال والديمقراطية سلاحاً في تحقيق ذلك، على عكس ما يريده البريطانيون (43).
دخلت الكويت، أخيراً، الحياة الديمقراطية. كان ذلك، كما رأينا، ثمرة نضال سياسي دام قرابة أربعة عقود، بين مد وجزر. كان حدثاً تاريخياً كبيراً، ليس على مستوى الخليج، بل على مستوى العالم العربي ككل. ولم يكن ذلك منحة من أحد، إذ ولدت ديمقراطيتها من رحم ثقافتها الوطنية. وقد أكد

---

(43) الخطيب (أحمد)، مرجع سابق ، ص.211

الحاكم ذاته، حينها، قائلاً، بأن الدستور الذي أصدرناه ليس أكثر من تنظيم حقوقي لعادات سائدة في الكويت. فقد كان الحكم دائماً في هذا البلد شورى بين أهله (44). أرسى الدستور، إذن، الأسس المتينة لنظام ديمقراطي مميز في الزمان والمكان. فقد أعاد تثبيت القاعدة الأساس، أن الأمة هي مصدر الشرعية. وفصل السلطات التشريعية والتنفيذية والقانونية. وهكذا، حفظ الدستور حقوق المواطن ومكانته. كفل مساواة الجميع أمام القانون. ضمن حرية التعبير وحق تأسيس النقابات. وبفضل هذا الدستور عرفت الكويت أرقى أساليب الحكم في العالم العربي كله.

ولئن لبى الدستور مطالب المرحلة، فقد أخفق في استشراف تحديات المستقبل ومفاجآته. إذ بحظره، تشكيل الأحزاب، التي يفترض أن يلتف أعضاؤها ومناصروها حول أفكارها وبرامجها السياسية، نبتت القوى الدينية والمذهبية، التي تجند أعضاءها ومحازبيها حول التعصب والظلامية.

ومن المفارقة حقاً، أن محاولة واضعي الدستور تجنب تكرار إدخال البلاد في تجارب الأحزاب مثل العراق وسوريا ومصر، قد أنجبت في الكويت، نتيجة غياب الأحزاب

---

(44)   نفس المصدر والصفحة.

السياسية، حركات إسلامية توالدت، في غير مكان، نتيجة غياب الديمقراطية في البلدان المحكومة بنظام الحزب الواحد.

لم يكن مسار الديمقراطية، منذ تأسيسها في تشرين الثاني/نوفمبر 1962، مساراً يسيراً. لقد تعرضت البلاد للكثير من التحديات، والإخفاقات. فالصراع بين مقتضيات الحياة الديمقراطية والسلطة، كائناً من كان على رأسها، صراع أزلي. وقد تعرض المجلس إلى الحل مراراً، تارة وفق آليات دستورية، وأخرى بغيرها. لكن الديمقراطية صمدت. ضمنت حق المواطن، ومنحت الحاكم الشرعية الدستورية. وميزت الكويت، لا عن كل دول الخليج، وإنما عن غالبية الدول العربية، إن لم يكن كلها.

الفصل الثاني
البـحرين
المجتمع الحقيقي

إن العبد الحقيقي هو الذي لا يستطيع أن يصرح بآرائه.

(أوربيدس)

الجذور الثقافية للديمقراطية في الخليج

الجزء الأول: لمحة تاريخية

لكل بلد خصوصياته، وتتميز البحرين بإرثها التاريخي وموقعها الجغرافي الاستراتيجي. ولأن للجغرافيا تأثيراً مباشراً في التاريخ، فقد ساهم موقعها في تحديد مسار البلاد وقدرها السياسي. فكما للموقع دور إيجابي في زمن السلم، فإنه في زمن المحن يعرض البلاد لصنوف الأطماع والغزوات. هو مصدر تمايز وضعف في آن واحد. البحرين، كما عُمان، تمثل حالة مثالية لمعادلة الجغرافيا السياسية. وهو، بصورة أعم، قدر الخليج كذلك.

عرفت البحرين، كمعظم بلدان الخليج العربي، أكثر من حقبة احتلال. بدءاً بالبرتغالي في القرن السادس عشر، ثم تلاه الفارسي لحقبة من الزمن، وانتهى، أخيراً، باستعمار بريطاني دام قرابة القرن ونصف القرن. على أن أطماع الدولة الفارسية لضم البحرين إليها ظلت قائمة حتى قرار الاستقصاء، الذي تم تحت إشراف الأمم المتحدة عام 1970، وحسم الأمر لمصلحة البحرين، وثبت عروبتها واستقلالها (*).

_____

(*)   البحرين، الحقيقة، لم تكن بحاجة إلى قرار من هيئة الأمم لتثبيت

التعرف إلى المشهد السياسي في البحرين، قبل مجيء آل خليفة، مسألة ضرورية لمعرفة التاريخ السياسي الحديث للبلاد.

يذكر بأن البحرين كانت خاضعة لحكم الشيخ ناصر المذكور. لكنها انقسمت إلى قسمين. أو كما كان يطلق تقليدياً "حزبين". كان الأول "حزب الجد حفصي"،على رأسه الحاج مدن الجد حفصي. و"حزب البلاد"، أو "حزب بلادي"، نسبة التسمية إلى قرية اسمها، (البلاد القديم). وكان على رأسه، الشيخ أحمد بن محمد آل ماجد. ونتيجة لخلاف وصراعات بين الطرفين، انتدبت جماعة "حزب بلادي"، مبعوثاً إلى آل خليفة، يطلب إليهم مناصرته ضد خصومه من "حزب الجد حفصي". لم يكن آل خليفة يتمنون أكثر من ذلك. فحشدوا عشائر من القبائل العربية المجاورة، مثل عائلة الدواسر والجلاهمة وبن علي وغيرهم، ودخلوا البلاد فاتحين (1).

= عروبتها. فالهوية الثقافية والانتماء الوطني، لا يثبتهما أو يلغيهما قرار سياسي. لم يكن ذلك إلا مسرحية سياسية أخرجت ضمن جملة الترتيبات الجيو- سياسية للمنطقة، لما بعد انسحاب بريطان ي ا من شرق السويس عام1971. ووفق صفقة، عقدت بين إيران وبريطانيا، بمباركة أمريكية ودعم سعودي، "عوضت" بريطانيا إيران، بإعطائها الجزر الإماراتية الثلاث، أبوموسى وطنب الكبرى والصغرى.

(1) الفلكي (يوسف)، قضية البحرين: بين الماضي والحاضر، البحرين، القاهرة 1953، ص 14 و15.

الفاتحون، ككل الفاتحين، لا يدخلون الديار الجديدة بسلام. وحتى وإن كان هذا النمط من الصراعات، والغزوات القبلية، سمة عامة في الجزيرة العربية كلها، وربما في غيرها، يبقى أن الممارسات التي قامت بها العشائر القادمة إلى البحرين، تجاه سكانها، ماثلة في التاريخ. فباستيلائهم على السلطة في البلاد، بدأت عملية وضع اليد على مزارع وبساتين المواطنين البحرينيين، وتوزيعها على العشائر التي شاركت في " الفتح"، كما كان يسمى، كغنائم حرب. زد على ذلك، أنهم استخدموا أصحاب هذه المزارع، كفلاحين وعمال في أراضيهم، التي تحولت إلى ملكيات خاصة "لملّاك" جدد. وإذا أدركنا بأن أصحاب هذه المزارع هم من الطائفة الشيعية، ندرك، اليوم، أن هذه الممارسات قد أسست لمخزون الاحتقان المزدوج، المذهبي والطبقي. وهي نقمة مضاعفة.

تعود أصول شيعة البحرين، على الأرجح، إلى أتباع الخليفة علي بن أبي طالب الأوائل. والواقع، أنه لولا العامل المذهبي لاعتبر هذا "الغزو أو الفتح" أمراً طبيعياً، شبيهاً بما كان يحدث في أكثر من مكان في ذلك الزمن.

يبدأ، تاريخ البحرين السياسي الحديث، إذن، مع وصول آل خليفة من شبه الجزيرة العربية عام 1783، واستلامهم الحكم فيها. وقد واجهت هذه العشائر، بزعامة آل خليفة،

مقاومة جدية من البحرينيين، قبل أن تحكم سيطرتها على الأرض الجديدة.

بداية الوجود البريطاني

بدخول بريطانيا، في مطلع القرن التاسع عشر، كقوة متفردة، على المشهد السياسي في الخليج، بدأ الحكم العائلي يتعزز في البحرين، كما في الأنظمة الخليجية الأخرى. إلا أنه رغم النفوذ البريطاني في المنطقة، وبشكل خاص بعد فرض تعهد 1820، على حكام البحرين، الذي سبق وأن فرض على شيوخ قبائل ساحل عُمان، لم تتم السيطرة الكاملة إلا في عهد الشيخ عيسى بن علي عام 1869 (2). ومع ذلك، ستبقى البحرين ساحة لحركات سياسية مطلبية متجددة حتى يومنا هذا.

في البدء، كانت كل منطقة الخليج خاضعة لسلطة المفوض البريطاني المقيم في بوشهر، واتخذ مساعده الهندي(آغا محمد رحيم)، من المنامة مركزاً له. عُمل بهذا التدبير من عام 1829 حتى 1900، عندما تغير المنصب البريطاني في المنامة من " مساعد"، إلى مفوض سياسي.

---

(2) Humaidan(Ali), Les Princes de l'or noir. Hachette, Paris 1968, p 41.

وبدأ بذلك عهد جديد في العلاقات البحرينية البريطانية. وفي عام 1935، تأسست القاعدة البحرية البريطانية في المحرق. وعام 1946، نقل مقر المندوب السياسي البريطاني في الخليج إلى البحرين (3). ومنذ ذاك التاريخ، سيشرف على جميع الوكلاء السياسيين في الأقطار الخليجية.

حظيت البحرين، بحكم موقعها في وسط الخليج، كما عُمان على مدخله، بأهمية استثنائية في الإستراتيجية العسكرية البريطانية. كانتا قاعدتي الوجود البريطاني. وإذ لم تحظَ عُمان على أي قدر من إصلاح إداري أو تنموي، بل، أقر الإبقاء عليها كقاعدة عسكرية، وعزلها عن العالم تماماً، حتى استقلالها عام 1970، كان للبحرين، في العشرينات، نصيب محدود من الإصلاح والتطوير.

ويعود ذلك، أساساً، لاختيارهم لها، بسبب الموقع والبيئة، كمقر رئيسي للإدارة السياسية والعسكرية البريطانية في الخليج. ومن ثم تحولت إلى نقطة ارتكاز رئيسية للوجود البريطاني في المنطقة. فأنشأت فيها محطة للاتصالات، ومركزاً للبريد العام، ومقراً رئيسياً للأسطول البحري البريطاني.

فضلاً عن ذلك، ستفضي جملة التعهدات والاتفاقيات

---

(3) الخوري (فؤاد اسحاق)، القبيلة والدولة في البحرين ، معهد الإنماء العربي، بيروت 1983 وص134.

المبرمة، وتلك التي ستبرم لاحقاً، بين الحاكم وبريطانيا، إلى التحكم الكامل في القرار الوطني السيادي، ليس الخارجي، المحسوم أصلاً، بل والداخلي، بما في ذلك سيادة الحاكم ذاته. كانت كل الأمور، صغيرها وكبيرها، بيد المبعوثين الإنجليز. ما يعني، الشؤون الخاصة بحياة البحرينيين بأدق تفاصيلها، ومنها التعليمي والصحي.

بشكل موازٍ، كان التاريخ الوطني الإصلاحي يرسم طريقه في الفضاء الخليجي. أخذ الحراك السياسي أشكالاً مختلفة. انحصر في البدء في إطار رجال الدين، الذين كانوا يمثلون ضمير المجتمعات آنذاك. في عام 1914، عارض رجال الدين وبعض رجال التجار، قيام السلطات البريطانية بإنشائها مجلساً تنفيذياً معنياً بتطبيق القوانين المدنية والجنائية السارية في الهند، كونها منافية للشريعة الإسلامية.

حاولوا من جهتهم تقديم بديل يتمثل بإنشاء مجلس يضم بعض الأعيان، يتمتع بحق انتخاب القضاة الشرعيين، ورؤساء الدوائر، ويعنى باتخاذ الإجراءات اللازمة للحفاظ على حقوق البحرينيين. بيد أنه مع موافقة الحاكم على ذلك، أفشلت الصراعات الدائرة، آنذاك، هذا المشروع (4). تذكرنا هذه الجهود المبكرة لرجال الدين في البحرين، بنضال

---

(4) انظر، العبيدلي (إبراهيم خلف)، الحركة الوطنية في البحرين، 1914-1971. دار ليلى، لندن، الطبعة الثانية، 2004، ص 83.

الإصلاحيين في مصر، الذين وقفوا في وجه محاولات البريطانيين بالتدخل في الشأن القانوني لمصر، آنذاك.

وبوصول الميجر دالي (Dali) ، إلى البحرين، قادماً من البصرة، مكسوراً ومحملاً بمرارة الإخفاق والفشل، حصيلة تعثره في قمع ثورة 1920 في البصرة، أتى دالي، ليوظف كل خبرته للوقوف في وجه أي حراك وطني إصلاحي مهما صغر.

يصفه أمين الريحاني، وهو القريب، على نحو ما، من الإنجليز، بأن دالي كان من الضباط الذين، " لا يفهمون العرب ولا يحبونهم، ولا يعطفون على قضيتهم،(......)، فقد كان يقاوم كل فكر إصلاح في الجزيرة، غير الذي يكون له فيه الكلمة الأولى والأخيرة، ولا يرى حقاً في غير القوة، ولا عدلاً في غير العسف والاستبداد" (5).

وهذا الكلام على ما فيه من حق، ينطوي على الكثير من التبسيط. ربما الريحاني لم يجانب الحقيقة في مقاربته للأشخاص، لكنه جانب الجوهر. لأن المسألة ليست مسألة تفهم أو تعاطف وحب للعرب، ليست مسألة أخلاقية، بل هي مسألة فكر استعماري، ونهج محتل، واستراتيجيات لإمبراطورية تحافظ على شمسها المشرقة.

ظهرت ثمار الجهد الأهلي لإدخال التعليم الحديث في

---

(5) الريحاني (أمين)، ملوك العرب ،الجزء الأول، دار الجيل، بيروت، (بدون تاريخ)، ص773-774.

البلاد مبكراً. فقد تم تأسيس أول مدرسة نظامية عام 1919، ستليها مدارس أخرى. وجدير بالذكر، بأن هذه المدارس فتحت، كما رأينا في الكويت، بفضل تبرعات أهلية، معبرة عن وعي مبكر لدى البحرينيين، واهتمامهم بالعلم والمعرفة. خاصة والعلم عند المسلمين ضرورة للحياة الكريمة، لأن الجهل يتعارض والإيمان.

ترافق وجود المدرسين العرب، مع دخول بعض الصحف العربية، مثل المنار المصرية وغيرها، وكلها نوافذ دخلت منها القضايا العربية، السياسية والفكرية، إلى الساحة البحرينية. كما ظهر عدد من الأندية الثقافية، وسنرى لاحقاً تكاثرها. كانت بيوتاً للتواصل الثقافي والفكري بين الشباب الخليجيين والعرب بشكل عام (6). ولئن كان للثقافة دور ريادي في تشكل الوعي، فقد كان لهذه الأندية أثر ملموس في إغناء الوعي الوطني لذلك الجيل الرائد من البحرينيين.

مجلس عام 1923

أمام تزايد قبضة المقيم السياسي البريطاني، وشعور المواطن بالتهميش، عقدت مجموعة من أعيان البحرين، في تشرين الأول/أكتوبر 1923، اجتماعاً عرف ب "المؤتمر الوطني البحريني". ضم بعض التجار الوطنيين والشخصيات

---

(6) انظر، موسى (حسين)، البحرين : النضال الوطني والديمقراطي، 1920-1981، الحقيقة برس، بيروت، 1987، ص 17.

الدينية السنية. وقد تزعمه الشيخ عبد الوهاب الزياني (7). وضع المجتمعون مذكرة مطالب من ست نقاط، أهمها: إنشاء" مجلس الشورى"، من بين أعضاء المؤتمر الوطني. يمثل كل الشعب. مهمته الأساسية السهر على مصالح البلاد، وذلك حسب ما جرت عليه العادة في البلدان الأخرى. والحد من تدخل القنصل البريطاني في الشؤون الداخلية. كان مطلباً متقدماً جداً. ولو قدر له أن يستمر، لشكل نواة لنظام شبه دستوري (8).

تكمن أهمية هذه الحركة أنها عبرت عن ولادة روح وطنية معارضة للنفوذ البريطاني في البلاد. كما أن الشيخ عبد الرحمن الزياني، الذي كانت له زيارات متكررة لبعض الأقطار العربية، ومنها فلسطين، والقدس خاصة، قد كون رؤية واضحة لطبيعة الصراع وحتميته مع الاستعمار البريطاني، أكان في منطقة الخليج أم في سائر الأمصار العربية الأخرى. الملاحظ، أيضاً، أن معظم الحركات الوطنية المناهضة للاستعمار في العالم العربي، آنذاك، كانت بقيادة رجال الدين. منها على سبيل المثال ثورة العشرين في العراق، التي شكلت قيادة مشتركة بين الشيعة والسنة. وثورة 36، في

(7) صالح (علي)، الشهابي (غسان)، أحمد عبد الرحمن الزياني، سنوات التحدي، 2005، ص 30.

(8) الرميحي (محمد)، البحرين : مشكلات التغير السياسي والأجتماعي، دار ابن خلدون، بيروت، 1976، ص 203.

فلسطين، بقيادة أمين الحسيني، والثورة الليبية بقيادة عمر المختار، ونواة الثورة الجزائرية، قبل جبهة التحرير، بزعامة حركة علماء الجزائر. وأطولها كلها، الثورات العُمانية التي قادتها الحركة الإباضية بإصرار لا نظير له ضد البرتغاليين، ومن بعدهم ضد البريطانيين، طوال التاريخ الاستعماري في عُمان.

تقدم المؤتمر بمذكرة إلى الشيخ عيسى، كان أهمها تشكيل " مجلس استشاري "، مكون من إثني عشر شخصاً، يتم اختيارهم من أعيان البلاد (9). واللافت أن الحاكم، كما تشير بعض الكتابات، قد وافق، بالفعل، على مطالب الحركة، بل أصدر مرسوماً يقرّ البدء بالعمل. ما أظهر شيئاً من الوفاق بين الحاكم والشخصيات الوطنية، على ضرورة إدخال بعض من الإص لاح في البلاد. مثّل هذا الاتفاق نوعاً من الاعتراف الضمني بحق المشاركة، وإن بحدها الأدنى.

هي تجربة تُذكرنا أيضاً بمجلس الشورى في الكويت لعام 1921. بيد أن التجربة البحرينية كانت تفتقر إلى حضور عرف المشاركة في نظام الحكم البحريني السائد بقوة في الثقافة

---

(9) عبد الوهاب الزياني، عبد اللطيف بن محمد، سعد عبد الله بن ابراهيم، حسن بن علي المناعي، شاهين بن صقر الجلاهمة، محمد بن راشد بن هندي، عيسى بن أحمد الدوسري، أحمد بن جاسر بن جودر، محمد بن صالح، مهنا بن فضل، جبر المسلم، أحمد بن لاحج. أنظر، حسين (موسى)، مرجع سابق ، ص 21.

السياسية الكويتية. يبقى أنها عبرت ضمنياً عن هذا الشرط، عن السمة التقليدية في الحكم.

والحال، أنه حتى مع غياب عرف المشاركة، كما نعرفه في الثقافة السياسية للقبيلة، هناك مبدأ الشورى كشرط لأي حكم شرعي وعادل. وللفكر السياسي الإسلامي موقف واضح من مسألتي السلطة والشرعية. لكن حتى هذه المبادئ الإسلامية الملزمة لا تطبق في أنظمة الحكم العائلي. وتراثنا يختزن الكثير من الموروث الثقافي لمن يهمه أمر استدعاء قيم المساواة والعدل.

كان قد مضى على حكم الشيخ عيسى أكثر من نصف قرن (1868-1923)، وكل الكتابات تبين أنه لم يكن معنياً كثيراً بمسألة الإصلاح. كانت البلاد، بلا ريب، في حاجة كبيرة إليه. لكن من البين أن الوطنيين البحرينيين، كونهم من أعيان البلاد المقربين منه، تمكنوا من إقناعه بضرورة الأمر، وكان في الواقع متجاوباً لآرائهم في هذا الشأن. لم يكن اتفاقاً جاداً وملزماً كاتفاق الكويتيين مع حاكمهم عام 1921، لكنه عبر رمزياً عن الشعور بوجوب المشاركة في إصلاح أحوال البلاد وأهلها.

ومع ذلك، لم تتقبل السلطات البريطانية حتى هذا المجلس الاستشاري. إذ يبدو أنها رأت فيه بداية لتقويض نفوذها في البلاد، علماً بأن الوطنيين البحرينيين لم يطالبوا بمجلس منتخب، لم ينشدوا إلا الحد الأدنى من الإصلاح الإداري وحسب. حتى الإصلاح كان محرماً على أهل

الخليج. وعلى الفور، قامت السلطات البريطانية بحل المجلس، وهو مازال في طور المشروع. وتم اعتقال أعضائه، بل ونفت زعيمي الحركة عبد الوهاب الزياني وأحمد بن لاحج إلى الهند (10).

استفاق البحرينيون على هذا الحدث الكبير. كان فعل إجهاض لنواة وطنية وليدة تبشر بتطور في الحياة السياسية

---

(10) الميثاق، الباب التاسع، قدمه الرئيس عبد الناصر في المؤتمر الوطني للقوى الشعبية، القاهرة، 1962.

من جانب آخر كان لقضية الزعيمين المنفيين في الهند عبدالوهاب الزياني وأحمد بن لاحج صدى كبير في أوساط الحركات الوطنية الهندية المناهضه للاستعمار البريطاني. وقد أخذ الزعيم الوطني، ولاحقاً أول رئيس جمهورية الباكستان عام 1948، علي جناح، على عاتقه الدفاع عنهما في المحاكم العليا بالهند. وقد استند في دفاعه إلى أن قرار الميجر "دالي" هو خرق للقانون الدولي. وأنه لا سلطة له على الهند لينفي إليها من يشاء.

وفعلاً كسب عبدالوهاب الزياني الدعوة. وأمام هذه النتيجة حاولت السلطات البريطانية في الهند دفع الزياني للمساومة. فطلبت إليه التخلي عن مواقفه الوطنية مقابل رجوعه إلى البحرين. إلا أن الزياني رفض المساومة. أمام هذا الموقف قررت السلطات البريطانية استئناف الحكم ليس في الهند، بل في لندن هذه المرة وذلك من أجل تعجيزالزياني من مواصلة دعوته. وفعلاً مكث الزياني في منفاه في الهند حتى توفي فيها عام (1343) هجري. أما عن زميله أحمد بن لاحج، فقد طلب إلى السلطات البريطانية السماح له بالعودة إلى البحرين لأسباب صحية . موسى (حسين)، مرجع سابق ، ص 18- 21.

في البلاد. بيد أنها كانت بداية لإدراك البحريني بعمق الصراع مع الإنجليز. كان أول احتكاك جدي بالكولونيالي. وبدأ الوعي الوطني يؤسس لبيئة المعارضة البحرينية القادمة، ويغذي مستقبلها.

عهد الشيخ حمد بن عيسى (1923-1942)

بعد حل المجلس مباشرة، طلب المقيم السياسي البريطاني إلى الحاكم، الشيخ عيسى بن علي، التنازل عن منصبه لمصلحة ابنه حمد، بحجة أنه ضعيف وغير قادر على القيام بالإصلاحات المطلوبة. ومن المفارقة، أن يطلب ذلك، في حين يقوم هو باعتقال الإصلاحيين ونفيهم. بماذا كان العقل الإنجليزي يفكر؟ هل رأى في تشكيل هذا المجلس، بداية لتأسيس ثقافة مشاركة؟ أكان يخطط لإدخال إصلاح إداري محدود، يرمي إلى إفراغ المضمون الوطني للفكر الإصلاحي الوليد في البلاد؟

لكن كيف لحاكم أن يوافق على أمر كهذا؟ إنها مسألة سيادة حاكم. مسألة شرعية تاريخية. وفعلاً، عندما حاول الاعتراض على طلب المقيم السياسي البريطاني، رد الأخير عليه، مذكراً، " من الذي استولى على البحرين لك وطلب منك (....)، أن تحتل مقعدك كحاكم للبحرين؟ ومن الذي حافظ عليك وحماك خلال خمسة وخمسين عاماً ضد القوات

التركية ومحاولات الفرس والأعداء الداخليين والخارجيين؟ هل فعل ذلك رجال القبائل الطامعين وغير المخلصين لك أم الحكومة البريطانية؟" (11).

حوار المندوب البريطاني مع حاكم البحرين، الشيخ عيسى بن علي، هو حوار يلخص مفهوم الاستعمار وثمن التبعية. يقول مندوب الدولة الكولونيالية لحاكم البلاد، إنك مدين لبريطانيا بحكمك. وإن القرار كيف، وبمن يحكم بلدك ليس بيدك، بل بيدنا. والحال، إن هذا الحوار يقدم صورة عن درجة النفوذ الاستعماري في منطقة الخليج، حيث شكل سمة من تاريخه السياسي الحديث.

رد الحاكم، الذي ساقته تبعيته إلى هذا المصير، قائلاً، "على الرغم من أنني تحت أوامر الحكومة البريطانية بشكل مطلق، فإنني لن أتنازل طوعاً حتى لو قطعوا رقبتي" (12). يبقى أن الشيخ عيسى لم يكن أمامه إلا الرضوخ، وتسليم السلطة لابنه حمد عام 1923. وبإنهاء حقبة الشيخ عيسى، دخلت البحرين مرحلة جديدة من تاريخ تبعيتها. بهذا التغيير ستعمد بريطانيا إلى تطبيق سياسة الحكم المباشر على البلاد، التي فرضتها الإستراتيجية البريطانية لما بعد الحرب العالمية

---

(11) الشهابي(سعيد)، البحرين 1921 - 1971، قراءة في الوثائق البريطانية، دار الكنوز الأدبية، بيروت 1996، ص 62.

(12) المرجع نفسه والصفحة نفسها.

الأولى، وسوف تبلغ ذروتها إبان حقبة تشارلز بلجريف (Charles Belgrave) القادمة.

كما هو الحال مع كل تغيير، أدخلت بريطانيا بعض الإصلاحات الإدارية والقانونية، شبيهة بتلك التي تدخلها في بعض مستعمراتها الأخرى. فباشر الميجر دالي بإقامة مؤسسات حديثة، منها مجلس للبلدية، وإدارة خاصة بالجمارك، رافق هذا الإصلاح الإداري، تشكيل محاكم ووضع تشريعات خاصة، مستقلة، بالجاليات الأجنبية، يشرف عليها المعتمد السياسي شخصياً، عرفت ب "محكمة الوكيل السياسي"، ولا تخضع لأية سلطة وطنية. ولكن في الوقت ذاته، عمد إلى ضرب الحضور الثقافي العربي بطرد البعثة العربية برئاسة حافظ وهبه، وإغلاق النادي الأدبي، وحل "حلقة المثقفين" (13). هكذا، تكتمل صورة الإصلاحات وغاياتها.

وإذا كان المؤرخون الغربيون، والبريطانيون خاصة، يعتبرون هذه الإجراءات، إصلاحات أدخلتها بريطانيا لتحديث المجتمع، فجدير بالذكر، أنها لم تكن إلا في فترة محدودة. ولم تأت إلا وفق مقتضيات المصالح البريطانية أساساً، ومتعارضة مع المطالب الأساسية للشعب البحريني، التي

---

(13) الخوري (فؤاد اسحاق)، مرجع سابق ، ص 143.

تتلخص في نقطتين أساسيتين: عدم التدخل في الشؤون الداخلية، والسماح بانتخاب مجلس شورى (14).

ومهما يكن من أمر، فسوف يكون لهذه المتغيرات نتائجها على المدى البعيد. إذ سترسم هذه المؤسسات، التي لم تكن، في البدء، سوى أداة لإدارة الوجود البريطاني، وجهاً جديداً لمؤسسة الحكم العتيقة، وبفضلها تتحول مؤسسة السلطة البالية، إلى مؤسسات سلطوية حديثة، أكثر إحكاماً. كما ستهيئ تدريجاً الأرضية الاقتصادية والإدارية وبعدها السياسية، لصوغ النموذج الكولونيالي للتنمية.

كما ستتكون، خلال هذه الصيرورة، قاعدة اجتماعية، من مختلف الفئات، والتجارية خاصة، لتشكل في مجملها الأرضية السياسية والاقتصادية للحالة الكولونيالية، التي ستبقى بعد الخروج الرسمي من المستعمرات. إذن، الاستعمار يخرج وتبقى الحالة الاستعمارية. تبقى التبعية.

من جانب آخر، شكل انحسار الحركة الوطنية في الشريحة الواحدة من المجتمع الصغير، السنية، أساس ضعفها. وهذه حقيقة أضعفت المجتمع بأسره. ولطالما أشار إلى ذلك الكتاب البحرينيون من كلتا الطائفتين. والحق، إن ممثلي الطائفة الشيعية قد ترددوا في المشاركة، علماً بأن الزياني، كما يذكر الباكر، قد وجه رسالة إلى إحدى

---

(14) موسى (حسين)، مرجع سابق ، ص23.

الشخصيات الشيعية، يدعوها إلى المساهمة في العمل الوطني، ويحثها على توحيد جهود الطائفتين. لكن المبادرة لم تجد آذاناً صاغية. يتضح من السياق التاريخي، أن بعض رموز الطائفة الشيعية، قد راهن كثيراً على وعود البريطانيين بمنحهم بعض المطالب الخاصة بالطائفة، مقابل تحييدهم عن الصراع الوطني الديمقراطي. وسنشهد هذا الموقف يتكرر إبان حركة 1938 القادمة.

إحدى الإشكاليات الكبرى التي ستشكل عائقاً لتطور البلاد، هي الشق المذهبي، الشيعي السني، أقله على مستوى ممثلي الطائفتين والمتطرفين منهما. بالتأكيد، هو شرخ عميق الجذور. علماً بأن المسألة المذهبية هي، جوهرياً، إشكالية مواطنة. مسألة استحقاقات وحقوق مدنية وثقافية في إطار القانون العادل. ومن الخطأ تسييسها، ومن العبث، بالطبع، محاولة تهميشها أو إلغائها. فذلك لا يزيدها إلا تعقيداً واستعصاء. حتماً، لا يمكن تجاوز المذهبية الطائفية السياسية، كهوية فرعية، إلا بتثبيت الهوية الوطنية الجامعة. والهوية الوطنية ليست إلا ثقافة مواطنة.

الجزء الثاني:
مرحلة تأسيس الشرعية

بالتأكيد، لم تكن حركة 1923 في البحرين، بأهمية حركة 1921 في الكويت. تلك التي وضعت الأسس الأولى لشرعية الحكم، وغرست بذور الفكر الدستوري في الثقافة السياسية. بيد أنه يمكن اعتبار الحركة البحرينية خطوة رمزية مؤسسة للثقافة السياسية في البلاد. وللرمزية أهميتها الكبيرة في الثقافة العربية. ومع تواضع برامجها الإصلاحية، التي ما قيّض لها أن تُترجم، أساساً، إلى الواقع، مثّلت، على نحو ما، مرجعية أولى للفكر الإصلاحي في الذاكرة الجمعية البحرينية. وبغضّ النظر عن السجال الدائر حولها اليوم، تبقى نقطة انطلاق لمبدأ المشاركة السياسية.

في عام 1926، أرسلت بريطانيا إلى البحرين مستشاراً سياسياً للحاكم، تشارلز بلجريف (Charles Belgrave) . أسست له دائرة خاصة باسم دائرة مستشار حكومة البحرين. وقسمت السلطة بين المعتمد البريطاني، وهو بمثابة رأس الحكومة، وبين حكومة البحرين، وعلى رأسها المستشار الإنجليزي (15).

---

(15) الفلكي (يوسف)، مرجع سابق ، ص60.

أعطي بلجريف، أيضاً، مسؤولية الشؤون المالية، لكنه بعد مرور ستة أشهر على وصوله، أصبح " السيد المطلق في البلاد ". فإلى جانب منصبه كمستشار سياسي للحاكم، كان رئيساً للبوليس، رئيساً للعدل، مسؤولاً عن كل المؤسسات الإدارية في البلاد: الصحة، التعليم، الخدمات العامة، بما فيها إدارة الشؤون الإسلامية (16).

والواقع أن خطورة هذا الرجل ليست في إمساكه بمفاصل السلطة فحسب، بل في كونه يجسد الفكر العنصري بكل تجلياته. كان مقتنعاً بأن شعوب الشرق غير متحضرة ولا تعرف إلا لغة القوة. كما نظر إلى المجتمع البحريني، كنموذج مصغر للمجتمعات الخليجية، عبارة عن مجموعة من الطوائف والعشائر والأعراق، التي لا تشكل شعباً، ولا تنتمي إلى أمة عربية (17).

بهذه السلطات المطلقة، لا يمكن أن يكون بلجريف إلا الحاكم الحقيقي للبحرين. وسوف تستمر قبضته على البلاد طوال ثلاثين عاماً (1926-1957). عانى فيها البحرينيون منه الكثير. يبقى أن من أخطر أعماله، إلى جانب ضرب كل الحركات الوطنية، كان تأجيج الفتنة المذهبية وشق المجتمع البحريني أكثر. المعروف أن من أهم التوجيهات والتعليمات التي يتلقاها

---

(16) Humaidan(Ali), Les princes d'or, futuribles, Paris, 1963, p.45

(17)   موسى (حسين)، مرجع سابق ، ص52.

المندوبون، والوكلاء السياسيون البريطانيون، هي البحث عن نقاط ومكامن الضعف في المجتمعات لغرض إخضاعها والسيطرة عليها. ومن هذه النقاط، السياسة، العرقية، المذهبية، الوطنية، وإجمالاً الثقافية. وليس ثمة ما هو أخطر من الشقاق المذهبي، إذا استغل كمنتج للعنف وحطب للحروب الأهلية. علماً بأن وجود المذاهب، في ظل دولة ديمقراطية، يجب ألا يشكل إشكالاً وطنياً، بل مصدر غنى.

كانت الثلاثينات تاريخاً فاصلاً في منطقة الخليج كله. في عام 1932 تم اكتشاف النفط في البلاد، وتم تصديره عام 1934، وبنيت أول مصفاة للنفط عام 1937 (18). وكما الكويت دخلت البحرين بشيء من القوة إلى حقبة جديدة من تاريخها المعاصر. وبالتأكيد فإن للحوادث الكبيرة تطوراتها الكبيرة، حيث سيفضي ذلك إلى إفراز واقع اقتصادي واجتماعي وسياسي جديد.

كان أهم نتائجها تغيير البنية الاقتصادية في البلاد. فاستبدل نشاط الغوص بحثاً عن اللؤلؤ، المصدرالتقليدي الرئيسي للاقتصاد الوطني، بمصدر جديد هو النفط. وتحول القطاع، المنشغل سابقاً بمهنة صيد اللؤلوء والزراعة، إلى العمل في قطاع النفط. ليتحول تدريجاً إلى طبقة عاملة، صغيرة نسبياً، لكنها مؤثرة في الساحتين السياسية والاقتصادية.

---

(18) بيترسن (جون)، دول الخليج العربية ، خطوات نحو المشاركة السياسية، ترجمة، دهام موسى العطاونة، مطبوعات العطاونة، لندن 1989 ص84.

وسرعان ما ستتحول البحرين، هي ذاتها، إلى مركز استراتيجي خاص للوجود البريطاني في الخليج. بل سترجح أهميتها الإستراتيجية على أهميتها الاقتصادية. ومن شأن كل هذه التحولات أن تخلق حقائق ومعطيات جديدة. فالمعطيات التي ستفرزها المرحلة، على إيجابياتها من الناحية المادية، ستوظف لتثبيت الإستراتيجيات الغربية في المنطقة، وهذا يعني إعاقة أي تطور لإصلاح وطني حقيقي.

يبقى أن الثلاثينات كانت، أيضاً، أعوام الفعل الديمقراطي في الخليج العربي. فالموجة التي بدأت في الكويت عام 1938، والتي أرست شروط الحياة الديمقراطية فيها، كما رأينا في الفصل الأول، وصلت إلى البحرين في العام ذاته، لتبعث الموروث الوطني وتضعه على الساحة السياسية. بمعنى أن الثقافة نضجت وتحولت إلى فكر لتغيير الواقع السياسي. كانت، إذن، أعوام المجالس بامتياز.

عاشت البحرين مرحلة حراك وطني وسياسي لافت. شهدت فرزاً للخارطة السياسية، بين حركة إصلاحية متنامية، ستتشكل أطيافها لاحقاً، وبين حاكم مهمش، وسيطرة استعمارية أحكمت قبضتها على البلاد والعباد. فقد كفت الاصلاحات الإدارية، التي أدخلت في مطلع العشرينات، عن أن تلبي حاجات البحرينيين ومطالبهم. ولكل مرحلة حقائقها ومعطياتها، وبالتأكيد رجالاتها. وأضحى مطلب الإصلاح الشامل أمراً ملحاً.

الحركة الإصلاحية عام 1938

بالتزامن مع الحركة الديمقراطية الكويتية، أفضى هذا الواقع، في منتصف عام 1938، إلى ولادة حركة إصلاحية ديمقراطية. فقد بدأت الخطوة الأولى بدعوة قيادة الطائفتين الشيعية والسنية لاجتماع عام. وفعلاً، عقد أول اجتماع مشترك، ضم من الشخصيات السنية، خليل المؤيد وأحمد الشيراوي وعلي بن خليفة الفاضل. ومن الشخصيات الشيعية، منصور العريض ومحسن التاجر وعبدالله أبو ذيب (19). وأخيرًا، تم تجاوز الانشقاق المذهبي، الذي طالما أعاق الوحدة المنشودة.

تميزت الحركة في البدء، بقيادة وطنية موحدة، وقاعدة صلبة في الوسط الطلابي والعمالي، والتي بدأت تأخذ مكانها على ساحة النضال الوطني بشكل فاعل. وقد أدخلت هذه الفئة الأفكار بروحها العصرية إلى الحركة الوطنية (20). بيد أن إشكالها الكبير كان بنيوياً، تنظيمياً بصورة خاصة. إذ لم تكن حركة عام 1938، إلا تجمعاً وطنياً عاماً لا يتمتع بإطار

---

(19) الشهابي (سعيد)، مرجع سابق ، ص.106.

(20) انظر، الرميحي (محمد)، حركة 1938 الإصلاحية في الكويت والبحرين ودبي ، مجلة دراسات الخليج والجزيرة العربية، العدد 4، جامعة الكويت،اكتوبر 1975،ص43.

تنظيمي متماسك. سينعكس ذلك لاحقاً على أدائها السياسي في صراعها مع الإنجليز.

لم تولد الحركة من فراغ. فمخزون الفكر الوطني الإصلاحي وتراكماته منذ العشرينيات، أنتجا حركة عام 1938. وكل مجتمع مسوق، بحكم موروثه الثقافي، وبقوة الواقع وصيرورته، إلا أن يستولد قوى إصلاحه وتقدمه، أو يندثر. فمدى أصالة وقوة الثقافة الوطنية هما اللذان يحددان ذلك المسار. وقد حظيت الحركة، بفضل معطيات المرحلة، بالتفاف شعبي ملحوظ. كما وجدت الدعم المعنوي والسياسي الكبير من الحركة الديمقراطية في الكويت. يعود الفضل، بالدرجة الأولى، إلى اهتمام الإذاعة العراقية في بغداد وتغطيتها لنضال الحركة الوطنية الكويتية على نحو شامل ودقيق.

وبهذا الخصوص، يدون أحد التقارير البريطانية ما يلي، "أقنعت الإصلاحات الأخيرة في كل من الكويت ودبي، في نفس العام، بعض الناس في البحرين بأن الوقت مناسب لأن يتسلم الناس شؤون الحكومة، والخزينة خصوصاً. كما أن المبالغة في تصوير الفوائد التي سيحصل عليها الناس، في كل من الكويت ودبي، جراء نقل بعض الصلاحيات من الشيخ إلى المجلس التنفيذي ساهمت في إلهاب الشعور الوطني" (21).

---

(21)   الشهابي (سعيد)، مرجع سابق ، ص.114.

147

لقد أصاب التقرير باستعماله مصطلح إصلاحات، علماً بأن البريطانيين لم يقروا بذلك علناً. وجانبه الصواب عندما أشار إلى الفوائد المادية التي سيحصل عليها الناس، كمحرك رئيسي لإلهاب الشعور الوطني. ربما كان الأمر كذلك، لكنه، بالتأكيد، لم يكن كل الحقيقة، ولم ينظر إليه إلا في إطار المصلحة العامة. ما لم يكن بمقدور المستعمر رؤيته، أن السبب الحقيقي وراء إلهاب الشعور الوطني، هو الحاجة الدائمة إلى العدل والمساواة. هو، في الأخير، التوق الأزلي للحرية. وهذه الأبعاد الإنسانية والأخلاقية، لا يمكن أن يحيط بها إدراك الكولونيالي.

تفيد بعض الكتابات، بأن يوسف فخرو، أحد زعماء الحركة، كان على اتصال بالشيخ حمد بن عيسى (1923-1943)، الذي أيد جهوده. نفهم من ذلك، بأن الحاكم قد تقبل مساعي الوطنيين لإدخال الإصلاح المطلوب. وهي حقيقة تؤكد قدرة الشعوب الخليجية على إيجاد صيغة مشتركة بينها وبين حكامهم. والتجربة الكويتية شاهد على ذلك.

ولكن أليس من الص   عب الرهان على موقف حاكم، جرده الإنجليز من صلاحيات حكم بلاده؟

المذكرة

أعدت هذه المجموعة مذكرة وضعت فيها مطالب الحركة على أمل تقديمها للحاكم. وقد ورد فيها:

إنشاء هيئة تشريعية. تنفيذ الإصلاحات في إدارة البوليس. تنسيق وتصنيف قوانين البحرين. عزل مفتش التعليم (فائق أدهم) آنذاك. عزل القاضيين الشيعيين واستبدالهما بشيخين آخرين ترضى عنهما الطائفة الشيعية. أن يكون لأبناء البحرين أفضلية التعيين في شركة نفط البحرين على غيرهم من طالبي العمل الأجانب. أن تكون الهيئة " التشريعية" المقترحة مؤلفة من ثلاثة أعضاء من الشيعة وثلاثة من السنة، ويرأس الهيئة الشيخ سلمان (22).

كانت مطالب الحركة مخيبة للآمال. إذ لم تطالب بمجلس تشريعي منتخب، كما في الكويت. وهو الطلب الذي يبرر وجودها. ولا يمكن لهيئة أن تكون تشريعية ما لم تتمتع بالشرعية الانتخابية. وإذا نظرنا إلى التأييد الشعبي الذي تمتعت به الحركة آنذاك، أدركنا بأن قيادتها لم تكن بحجم المسؤولية. فضلاً عن ذلك، إذا ما قارنا برامجها وأداءها، ببرامج وأداء الحركة الديمقراطية في الكويت، في العام نفسه، أدركنا ضعف قيادة الحركة البحرينية وارتباكها.

ليست مسألة إسقاط أحكام سهلة. فأحكامنا، اليوم، نبنيها على معطيات معروفة. لقد كان أمام القيادات البحرينية مشهد الحركة الديمقراطية الكويتية، التي استوحت منها رؤيتها

---

(22) الرميحي (محمد)، البحرين ، مشكلات التغيير السياسي والاجتماعي، مرجع سابق، ص. 215.

ونضالها. الفارق الكبير هو أنه لم يكن في الكويت شبيه لبلجريف. لكن هل يمكن لبلجريف، أو غيره، أن يجهض حركة تتمتع بهذا التأييد الشعبي، كمعطى موضوعي إيجابي، لو لم يكن ثمة خلل في القيادة؟ السؤال، لا شك، يبدو مشروعاً.

وأكثر من ذلك، لم تقدم القيادة مذكرتها إلى الحكومة رسمياً، خشية، كما يبدو، من ردود فعل المستشار البريطاني. والحال، إن حواراً جرى بين قيادتها بهذا الشأن. كان السؤال، هل تقدم المذكرة إلى الحاكم، أم إلى بلجريف؟ وحيث اعتقد البعض بعدم جدوى تقديمها للحاكم، لأنه لا يملك القرار، خشي البعض الآخر من تقديمها إلى بلجريف. ونتيجة لهذا التردد، سُربت المذكرة إلى الصحافة في مصر. ونشرتها مجلة "الرابطة العربية". والحال، لو أن المذكرة قد سلمت رسمياً للسلطات في البلاد، ونشرت في الوقت ذاته، لربما كانت شكلت عامل ضغط على المسؤولين، ولربما رأينا نتائج أخرى.

ولئن أخفقت القيادة السياسية في مهمتها، فإن الرموز الطلابية والعمالية لم تتردد في أخذ زمام المبادرة. إذ عقدت اجتماعات جماهيرية علنية، أتبعتها بمنشورات سياسية أربكت الحكومة ومعها السلطات البريطانية (23). لقد أخذت على

---

(23) الشهابي (سعيد)، مرجع سابق ، ص 108.

عاتقها رفع معنويات البحرينيين، وبشرتهم بحتمية التخلص من الظلم ونيل الحرية (24). والواضح من هذه المنشورات، أن القاعدة الشعبية للحركة السياسية كانت فاعلة، وقادرة على تحدي أي إجراء تتخذه الحكومة.

أمام هذا الوضع، قام بلجريف باستعمال سلاحه الإستراتيجي، الورقة الطائفية. وبالفعل، تمكن من إقناع الزعماء الشيعة بالانسحاب من تحالفهم مع السنة، مقابل تنازلات تقدمها الحكومة للطائفة الشيعية. سعت الحكومة من خلال هذه القوى إلى منع تبلور موقف سياسي مشترك بين السنة والشيعة، فكان السعي لتحييد الشيعة عبر تلبية مطالبهم في تغييرات في المحكمة الشرعية الجعفرية (25).

وفعلاً، وافق الزعماء الشيعة على إسقاط مطلب الحركة المتعلق بإنشاء المجلس التشريعي. وهو المطلب، وإن لم يشر إلى مسألة الانتخابات، يظل الأهم في المذكرة. واكتفوا بطلبات ثانوية زهيدة فقط تتعلق بمنحهم بعض الوظائف في الإدارات الحكومية وبتمثيل عادل في المجلس البلدي (26).

شكل هذا "الاعتدال" الشيعي ضربة للوحدة الوطنية.

---

(24) الرميحي (محمد)، حركة 1938 الإصلاحية في الكويت والبحرين ودبي ، مرجع سابق، ص45.

(25) الشهابي (سعيد)، مرجع سابق ، ص 110.

(26) موسى (حسين)، مرجع سابق ، ص 34.

أصابت لعنة المذهبية الفكر الوطني مقتلاً. وأفرغت، بالتالي، مذكرة المطالب من مضمونها، وإن لم تكن ديمقراطية بالقدر المطلوب. بطبيعة الحال، اختزل موقف المسؤولين الشيعة من السلطة، من الهيمنة البريطانية، ومن مشروع إصلاح النظام السياسي، إلى استحقاقات طائفية محدودة. وهكذا، تختزل المذاهب والطوائف الوطن وتعيد تفصيله على أحجامها.

يلاحظ عبد الرحمن الباكر، وهو أحد زعماء حركة 1954 القادمة، بأن حركة عام 1938، لم توفق بقيادة وطنية قادرة على توحيد البحرينيين. كما أنها افتقدت الطابع الوطني الجامع، ولم يكتب لها النجاح، حتى القصير، كما حصل في الكويت (27).

نجح بلجريف، في خطوته الأولى، في شق صفوف الحركة. أما خطوته التالية، فكانت إلقاء القبض على قادتها. ومنهم سعد الشملان، أحمد الشيراوي، علي الفاضل، وإبراهيم كمال. وحكم عليهم بالسجن أربعة عشر عاماً مع الأشغال الشاقة. ولكنه استبدل الحكم لاحقاً بالنفي إلى الهند (28).

كل هذه الأحكام الجائرة، لمجرد أنهم طالبوا ببعض

---

(27) الباكر (عبدالرحمن)، من البحرين إلى المنفى ، دار الكنوز الأدبية، بيروت، الطبعة الثانية، 2002، ص 30.

(28) العبيدلي (ابراهيم خلف)، مرجع سابق ، ص 101.

الإصلاحات السياسية والإدارية البسيطة في بلادهم. هكذا، يتكرر العنف الكولونيالي ضد الوطنيين البحرينيين، وللأسف سيستمر طويلاً. ومن المفارقة أن تتحول "بومباي"، التي لطالما ألهم نضالها الديمقراطي بعض قادة الخليج الوطنيين، إلى منفى ومقبرة لهم.

الجزء الثالث:

مرحلة البناء الثقافي والقومي

على النقيض من التجربة الكويتية، حيث أفلت الحركة الوطنية، بعد السقوط المدوي لمجلس عام 1938، لم يؤد ضرب حركة 1938، في البحرين إلى إنهاء النضال الوطني. إذ انتقل الفكر الوطني، بعد الضربة، من مستوى الخاصة، "النخبة"، إن صح التعبير، إلى جذوره، إلى المستوى الشعبي. دخل الفكر الوطني الديمقراطي، بعد محطتي 1921 و1938، في نسيج الثق افة الوطنية البحرينية، وأصبح سمة من سماتها. وبدأت تتكون لدى الشباب البحريني ثقافة سياسية مميزة على صعيد الخليج العربي. مطلب حقوق المواطنة سيبقى مرتكزاً للصراع في البلاد.

شهد المجتمع البحريني طوال عقدين حراكاً لافتاً على المستويين، التعليمي والثقافي خاصة. فتحت المدارس الأهلية، وانتشرت الأندية الثقافية والاجتماعية، وظهرت صحيفة صوت البحرين. كان بناءً وطنياً وثقافياً جاداً، ولد من رحم الثقافة الشعبية، ومنها اكتسب أصالته وقوته.

لم تتوافر للبحرينيين مجالس للتعليم كما في الكويت. كانت مساعي البحرينيين شبه عفوية، لكنها جادة وفاعلة. وقد

استعانوا بالمعلمين من سوريا ومصر. اعتمدت مناهج التعليم المصري والسوري المميزة. وستعمم، لاحقاً، على مناطق الخليج الأخرى.

كما في الكويت، مثّل حملة العلم والثقافة العربية الأوائل، جسراً ثقافياً بين مركز العالم العربي وأطرافه في منطقة الخليج. كانت جهودهم ضرورية للمساهمة في إعادة بناء الهوية العربية في المنطقة. ولأول مرة، دخل الأدب العربي، محمولاً على أعمدته الكبار، من مؤرخين وأدباء. مثل أعمال معروف الرصافي، من العراق، وأحمد ش وقي من مصر وآخرين من بُناة الثقافة العربية.

رافق هذا التطور دخول بعض الصحف العربية، لأول مرة، مثل " المنار" المصرية، إلى البلاد. وستتأسس لاحقاً صحف وطنية بحرينية. كما تأسست، في الوقت ذاته، مؤسسات ثقافية وأدبية. أخذت على عاتقها مهمة تنويرية وثقافية هامة في البلاد. كان ثمة أفق جديد يتشكل في فضاء الخليج. كان لهذا الوعي المستجد بانتمائهم إلى فضائهم العربي الواسع دور حاسم في تحررهم من ثقافة المستعمرات، وهوية "المحميات". كل ذلك بشر بخلق مشهد جديد.

التعليم، الأندية الأدبية، والصحافة

استمر الدعم الأهلي، المادي والمعنوي، لهذه المؤسسات التعليمية، حتى عام 1930، حين استدركت

السلطات الأهمية الإستراتيجية لهذا القطاع. وعلى ضوء ذلك، قررت وضع المدارس تحت إشرافها المباشر. وسيتضح، سريعاً، أن هذا القرار لم يكن بريئاً. وفعلاً، كان أول قرار اتخذته السلطة هو ترحيل المدرسين العرب. حتى العلم والثقافة نظروا إليهما كخطر على الأنظمة. فقد رحل رسل العلم، هم ورسالتهم إلى من حيث أتوا. وبهذا القرار، انتهى العهد المشرق للتعليم الأهلي الحر، حيث كان المواطنون يتبرعون بميزانية المدارس ضمانة لاستقلالها وحريتها الفكرية (29).

نزل قرار ترحيل المدرسين على البحرينيين كالصاعقة. أتى وكأنه ضربة لمشروع التعليم الحديث في البلاد. وفعلاً، اعتبر البحرينيون هذه الخطوة انتكاسة، لن تجلب إلا الضرر على مستقبل أبنائهم. وخرجت التظاهرات احتجاجاً. لكن التظاهرات، كما هو حالها، دائماً، قمعت، والقرار، كما هو الأمر، دائماً، ثبت وكأنه القدر المحتوم.

كسر، إذن، الجسر الذي عبرت عليه الثقافة العربية. وفعلاً، وعلى مدى العقود القادمة، سيبذل الإنجليز جهوداً جبارة لعزل منطقة الخليج عن محيطها العربي على الصعيدين السياسي والثقافي. رمت السياسة الجديدة لإخضاع التعليم، كقطاع هام، للسلطة السياسية. وسيصار إلى إدخال مناهج لا تتعارض وطبيعة التوجهات السياسية الرسمية. الثقافة

---

(29) العبيدلي (ابراهيم خلف)، مرجع سابق ، ص 104.

والاستبداد لا يتعايشان. واستمرار تقاليد الاستبداد والهيمنة، تشترطان، بالضرورة، سد منابع المعرفة وإغلاق مصادرها. لأن الثقافة من شأنها، في نهاية الأمر، أن تغير البيئة التي يقتات بها فكرالظلام والتسلط. باختصار، كان المراد من هذه المناهج أن تخلق رعايا وأتباعاً لا مواطنين حقيقيين.

للدلالة على أهمية الثقافة الوطنية ودورها الحاسم في حماية الشعوب من الاستعمار والتبعية، لنستمع إلى تصريح اللورد، مكولي (Macauly) ، في البرلمان البريطاني في 2 شباط/فبراير 1835، إذ قال "لقد سافرت عبر الهند بطولها وعرضها، لم أر متسولاً، أو سارقاً. هذا الثراء هو الذي رأيته في هذا البلد. إن شعباً بهذه القيم الأخلاقية العليا، لا يمكن إخضاع بلاده، إلا بكسر العمود الفقري لهذه الأمة. وأعني بذلك، تراثها الروحي والثقافي. ولذلك اقترح أن نستبدل نظامها التعليمي العريق وثقافتها، بحيث بدأ الهنود بالتفكير بأن كل ما هو أجنبي وإنجليزي، هو أفضل وأعظم مما يملكون. وهكذا، سيفقدون اعتزازهم بأنفسهم، وبثقافتهم الأصيلة، وسيتحولون كما نريدهم أن يكونوا، أمة خاضعة تماماً" (30) (*).

---

(30) Macauly, address to the British Parliament, 2 February, 1835.

(*) يخبرنا الدكتور أحمد الخطيب، بالقصة المعبرة التالية. يحكي عبد العزيز المعمر، عن حادثة حصلت له أثناء عمله مترجماً للملك عبد العزيز في السعودية. يقول إنه في إحدى المرات جاء مدير شركة أرامكو الأمريكي

يبدو جلياً من هذه الشهادة، من هذا التصريح الرسمي، أن للبعد الثقافي دوراً أكبر من الجيوش في تثبيت الهيمنة على الشعوب. قد تحتاج إلى جيوش لإخضاعها بالقوة، لكن الجيوش لا تضمن استمرار الهيمنة الكولونيالية، فالثقافة الغربية هي القوة الحقيقية الضامنة لاستمرار الهيمنة والتبعية.

لكن التعليم، على الرغم من كل الإجراءات، سينتشر، وسيعطي، بفضل المدرسين العرب، ثماره الوطنية. وكذلك الأمر فيما خص الحراك الثقافي. تأسس أول نادٍ، نادي "إقبال"، وبعده النادي "الأدبي" عام 1920، أي في الوقت ذاته الذي تأسست فيه أول مدرسة في البحرين. لاحقاً، عام 1937، سيتأسس نادي "البحرين". والنادي "الأهلي" عام 1938. وفي عام 1942 تأسس نادي "العروبة". ومن ثم تلاحقت الأندية والجمعيات حتى وصل تعدادها، في السنوات اللاحقة، إلى ثمانية وثمانين نادياً وجمعية (31). تميزت الأندية

= إلى الملك عبد العزيز، وعندما رآني، سألني، من أنا ومن علمني اللغة الإنجليزية. فقلت له إني خريج الجامعة الأمريكية في بيروت. فالتفت إلى الملك، قائلاً: " كيف تعين شخصاً خريج جامعة عندك؟ المتعلمون يشكلون خطراً عليك. فترددت في ترجمة ذلك، لكنني خشيت أن الملك يعرف بعض الإنجليزية. وإذا لم أترجم ما قاله فقد يفقد ثقته بي. فترجمت له ما قاله، فرد الملك قائلاً، قل له إنني أعتبرك واحداً من أبنائي ولا خوف منك. ويذكر الدكتور الخطيب، أن عبد العزيز قد اتهم بعلاقته بإضرابات عمالية، ودخل على ضوئها السجن، ولم يخرج منه إلا للموت. المذكرات ، مرجع سابق، ص 70.

بنشاطاتها الثقافية والاجتماعية. وسيمثل نادي " العروبة"، الذي ضم نخبة من المدرسين والمثقفين، أول تجمع لنواة المعارضة السياسية في البلاد.

كانت المؤسسات الأهلية بذاتها ظاهرة متقدمة. يعود الفضل في خلقها إلى المدرسين البحرينيين. وبحكم ولادتها، من عمق المجتمع مثلت الرافعة له. وكان من الطبيعي أن تشكل، في غياب الأحزاب السياسية، وعاء لتجمعات القوى الاجتماعية والسياسية المعارضة. والحال، أن من شأن هذه البيئة الثقافية النشطة أن تستولد العمل السياسي المنظم. كل ذلك مثل حالة نهوض مثيرة للاهتمام.

كان مشهد التحولات على الساحة البحرينية، الصغيرة بالقياس الجغرافي والسكاني، معبراً حقاً. إذ بدت في سياقها وكأنها بناء يكمل بعضه بعضاً. فكل مرحلة كانت تؤسس للأخرى. ولدفع أفق الحرية خطوة، ظهرت الصحافة وكأنها تتويج للإنجازات السابقة. هكذا، أخذت مجموعة صغيرة من المثقفين المصممين، هذه الخطوة الكبيرة. وكان حسن الجشي وعبد الرحمن الباكر الشخصيتين البارزتين.

كانت البلاد في حاجة إلى كل عمل جاد يأخذ على عاتقه معالجة القضايا الوطنية الكبرى. منها رفع سقف حرية

---

(31) العبيدلي (ابراهيم خلف)، مرجع سابق ، ص106.

التعبير، فبدونها لا يمكن للفكر الإصلاحي أن يستقيم. ومنها تجبير الشرخ الاجتماعي، فبدونها لا يمكن تحقيق تماسك المجتمع ووحدته. فالوعي والثقافة كفيلان بمعالجة آفات المذهبية والطائفية العصيتين. بدأ العمل الإعلامي بتأسيس "دار الصحافة"، التي أصدرت مجلة "صوت البحرين". وبعدها ظهرت جريدة "القافلة"، وقد أشرف عليها علي السيار. وهو من المثقفين الإصلاحيين الأوائل. وقد أعيد إصدارها مطلع الخمسينيات باسمها الجديد "الوطن" (32).

بالطبع، لم يرق حراك الوعي لا للحكومات ولا للإنجليز. فكلاهما كان يخشى انتشار الوعي، لأنه محرر. فالإنسان الواعي واع لذاته ولكرامته الإنسانية والوطنية. وفعلاً بدأت المطالبة بالإصلاح والحرية تشق طريقها في المنطقة.

وكما كان متوقعاً، باشرت السلطات البريطانية بسن القوانين، واتخذت الإجراءات لتضييق الخناق على هذه الظاهرة التي رأوا فيها، مع بداياتها المتواضعة، تهديداً مستقبلياً لسيطرتهم على المنطقة. و"البحيرة البريطانية" حتماً لن تبقى، بوجود إعلام حر، متزامن مع بداية المد القومي العربي، بحيرة آسنة.

---

(32) العبيدلي (ابراهيم خلف)، مرجع سابق ، ص.107-105.انظر الباكر (عبد الرحمن)، مرجع سابق ، ص. 36-39.

هيئة الاتحاد الوطني 1956

ثمة إشكاليات ثلاث طبعت تاريخ البحرين الحديث، أعاقت تقدم البلاد، وأربكت تطور الثقافة الوطنية الإصلاحية فيها. ثقافة الاستبداد المزمنة، السيطرة البريطانية المطلقة، والمسألة المذهبية. ولا يتردد الكولونيالي في استخدام كل الوسائل لإحكام قبضته. والمسألة المذهبية، كما رأينا، من أهم أدواته.

وبدورها إيران، المدعية، آنذاك، انتماء البحرين إليها، كانت تحاول تبنّي الشيعة البحرينيين كأتباع لها. علماً بأن غالبيتهم العظمى من العرب، لا يتبعون الدولة الفارسية في شيء. وكانت مرجعياتهم المذهبية هي النجف، في العراق، وليست في قم، بإيران. ومدينة قم، عاصمة الشيعة اليوم، لم تكن تحظى بالأهمية التي ستتمتع بها بعد الثورة الإيرانية عام 1998.

كانت الثقة بين الطائفتين شبه معدومة. وألقت الريبة بظلالها على المجتمع. وما من قسوة على مجتمع أكبر من وطأة الخلافات المذهبية. وبزرع الشكوك تصبح الوحدة الوطنية أمراً عصي المنال. عبر الشيعة عن عدم رضاهم عن حالة التهميش الإداري، وإمساك بعض السنة بالوظائف المهمة في البلاد. في حين كان للسنة مخاوف أخرى. إذ نظروا بعين القلق إلى العلاقة القريبة بين بعض رجالات الشيعة والسلطات

البريطانية في البلاد. وقد ساورتهم شكوك في احتمال إقناع السلطات البريطانية بعزل حاكم البحرين، السني، وضم البلاد إلى وزارة المستعمرات لتحكم بشكل مباشر، وتأخذ وضعاً شبيهاً بوضع عدن حينئذ (33).

افتقرت كل هذه الهواجس إلى التبريرات المنطقية. فلا بريطانيا كانت في وارد ذلك، ولا الظروف السياسية في العالم العربي، الذي كان يعيش حراكه النهوضي، يمكن أن يتقبل قراراً كهذا. كان الشرخ كبيراً حقاً. وهذا ما دفع الحاج منصور العريض، وهو إحدى الشخصيات الشيعية المحترمة في البلاد، للقول، بأن الفجوة قد فتحت وهي من العمق بحيث يتعذر رأبها إلا بصعوبة خارقة، إنها مؤامرة (34). والحال، أنه لا السني ولا الشيعي مسؤول عن البؤس الذي يعيش فيه الآخر، ولا عن الظلم والاستبداد الذي حل بهما (35).

يبقى أن الساحة لم تخل من الحكماء. ثمة وطنيون ينظرون أبعد من أنوفهم المذهبية. كانت هذه الشخصيات الوطنية، من الفئتين، مدركة لعم ق الأزمة، ومصممة

---

(33) الباكر (عبد الرحمن)، مرجع سابق ، ص 51.

(34) المرجع نفسه ، ص 50.

(35) حميدان (أحمد)، هيئة الاتحاد الوطني في البحرين ، دار الكنوز الأدبية، بيروت، 2004، ص 36.

على ضرورة إخراج البلاد من محنتها الوطنية. فضلاً عن ذلك، كان هناك جيل تفتحت عيناه على حركة 1938، وشب في مناخ التطورات الاقتصادية والاجتماعية والثقافية، وأصبح يشكل طليعة القوى الوطنية الجديدة (36).

أخذت الشخصيات الوطنية على عاتقها مهمة مد الجسور بين الطائفتين، بهدف بلورة صيغة سياسية مشتركة لتهيئة أرضية تنطلق منها الحركة الوطنية الجديدة. لا خلاص للبلاد خارج وحدتها الوطنية. ودروس حركة 1938، تبقى ماثلة في ذاكرة البحرينيين. لا ريب أن صعوبات مختلفة ستواجه قادة المرحلة، فذلك من طبيعة العمل الوطني. ومهما تكن إرادتهم قوية، يبقى أنهم يعملون، مع رفاقهم، في بيئة يتحكم فيها عتاة الفكر الكولونيالي. ولنتذكر بأن البحرين غدت مركزاً رئيسياً للإدارة البريطانية في الخليج.

لم تكن طريقهم معبدة بالورود. لكن ما لم يكن في حسبان أحد، هو موقف الحاكم من محاولة إصلاح الشأن بين الطائفتين. إذ قام الحاكم بجمع بعض الشخصيات الوطنية، وأنذرها قائلاً، "بأن كل عمل تقومون به لإصلاح ذات البين بين الطائفتين، هو عمل موجه ضدي." وأضاف

---

(36) المرجع نفسه ، ص 15.

"سأمنع ذلك الاجتماع الذي تنوون عقده في المحرق بالقوة، حتى لو اضطررت إلى إطلاق النار على المجتمعين" (37).

إنه لأمر صادم حقاً، أن يكون الحاكم معارضاً لأي إصلاح سياسي، فذاك من طبائع الاستبداد. لكن، أن يقف معارضاً لتجبير الشقاق المذهبي، ورأب الصدع الاجتماعي في بلاده، وبهذه الصراحة، فهو أمر لم يكن متوقعاً تماماً. خاصة وأن استقرار بلاده لا يقوم إلا على السلم الأهلي أساساً. وإذا كان تحالف الطائفتين يشكل تهديداً لنظامه، فلا ريب، بأن ثمة خللاً في النظام. والأمر هنا لا يتعلق بحاكم معين، بل بالفكر السياسي، وليس بالأشخاص. فالأشخاص لا يهتم بهم التاريخ، إلا بقدر ما يحملون من فكر نير وخير للإنسانية.

إلا أن هذه التهديدات، وإن كان لها بعض التأثير في نفوس البعض، ذوي المصالح الخاصة، فإنها لم تزد الوطنيين الحقيقيين إلا تمسكاً بأهدافهم. بيد أن الحاكم لم يكتف بالتهديد، فقد أمر عبد الرحمن الباكر، بمغادرة البحرين. فهو في نظره المحرك للأحداث. وفعلاً غادر الباكر بلاده الى بيروت مجبراً.

وفر المنفى للباكر فرصة مد الجسور مع القوى الوطنية في المحيط القومي، في بيروت والقاهرة، وعُمان. تعرف إلى

---

(37) الباكر (عبد الرحمن)، مرجع سابق ، ص 56.

واقعهم، نقل لهم صورة عن طبيعة النضال الوطني فيها. لم تكن البحرين والكويت وعُمان، إلا ساحات نضال ساخنة ضد عدو مشترك. لكن فور عودته إلى البحرين، سحب منه جواز سفره، بل وجنسيته، في إجراء استثنائي، لم يكن له أي مفعول، إلا صب الزيت على النار والتعجيل بالمواجهة.

ولادة الهيئة وبرامجها

في تشرين الأول/أكتوبر 1954، تم اجتماع كبير، في أحد المساجد في المنامة، ضم ممثلي الطائفتين. بشر هذا الاجتماع، من حيث عدد الحضور، والشخصيات التي شاركت فيه، ومن ثم القرارات التي اتخذت، بولوج البلاد إلى مرحلة تاريخية هامة. وفعلاً تم اتخاذ قرارات ستترك آثارها على تاريخ البلاد المعاصر، منها: تكوين جبهة مشتركة تتولى قيادة العمل الوطني. وتم الاتفاق على تشكيل هيئة تنفيذية عليا، قوامها مائة وعشرون عضواً، تنبثق منها لجنة تنفيذية من ثمانية أشخاص تكون لهم صفة " ممثلي الشعب" (38).

مصطلح جديد في اللغة السياسية الخليجية، مشحون بالرمزية والدلالات السياسية والثقافية. إذ عبر، جوهرياً، عن ولادة شرعية جديدة، من شأنها أن تضع ثقافة العشيرة على

---

(38) انظر العبيدلي (ابراهيم خلف)، مرجع سابق ، ص 121.

المحك. فلا وجود لمصطلح شعب في قاموسها، بل مصطلح أتباع، ناهيك عن أن يكون للشعب ممثلون.

وفي الشهر ذاته، عقد الاجتماع التأسيسي الكبير، ضم مائة وعشرين عضواً. واتخذ قرار تأسيس " الهيئة التنفيذية العليا"، وتم اختيار ثمانية أعضاء من (الجمعية العمومية) كلجنة تنفيذية للهيئة، عبد الرحمن الباكر، أميناً عاماً، وعضوية كل من، إبراهيم فخرو، عبد العزيز الشملان، عبد العلي العليوات، عبد الله أبوذيب، إبراهيم بن موسى، محسن التاجر، السيد علي بن إبراهيم، والسيد علي كمال الدين (39). هم رجال المرحلة وقادتها. أبقي على أسماء المائة والعشرين في السر. كما تم اختيار ثماني شخصيات أخرى، كقيادة بديلة، أبقيت سرية أيضاً، وذلك لضمان استمرار العمل السياسي في حال تعرض القيادة للاعتقال (40).

أقرت اللجنة وضع عريضة، تحمل أربعة مطالب رئيسية، اعتبرتها الهيئة شروطاً ضرورية لإصلاح الوضع المتردي في البلاد. وهي:

1) تأسيس مجلس تشريعي.

2) وضع قانون عام للبلاد جنائي ومدني.

---

(39)العبيدلي (ابراهيم خلف)، مرجع سابق ، ص 121. انظر أيضاً، حميدان (أحمد)، مرجع سابق ، ص 39.

(40)حميدان (أحمد)، مرجع سابق ، ص 39.

3) السماح بتشكيل نقابات للعمال.

4) تأسيس محكمة عليا للنقض (41).

مثّل تشكيل الهيئة انبعاثاً للروح الوطنية البحرينية. كان انتصاراً للوطنية على المذهبية. وهي ثمرة تراكم نضال وطني طويل. نضجت الثقافة السياسية، إذن، وأفضت إلى فتح مرحلة جديدة للعمل الوطني الجاد. ستنقل هذه الحركة النضال الإصلاحي المطلبي الذي عرفته البحرين على مدى العقود الثلاثة، إلى النضال الوطني الديمقراطي، بل التحرري. لم يكن أحد يدرك، آنذاك، حجم الفعل التاريخي الذي ستحدثه الهيئة في ضمير البحرينيين وثقافتهم. لذلك ستبقى مرجعية وطنية تاريخية في الوعي الجمعي البحريني.

كان المطلب الأساس محدداً هذه المرة. تشكيل مجلس تشريعي منتخب. ليس شكلياً ولا استشارياً، كما كان الأمر عام 1938. فضلاً عن أن إستراتيجية الهيئة القائمة على النضال العلني كانت صائبة. كان من شأنها أن ترسخ الوعي الديمقراطي.

أصدر المجتمعون بيانهم التاريخي. أُعلن تشكيل هيئة وطنية باسم "الهيئة الوطنية العليا". لكن قبل أن تقدم الهيئة مذكرتها لحاكم البلاد، باشر قادتها بجمع تواقيع المواطنين المؤيدين لولادة الهيئة. وفعلاً حصلت الهيئة على 25 ألف

---

(41)   الباكر (عبد الرحمن)، مرجع سابق ، ص 65.

توقيع، من تعداد سكان البحرين البالغ 80 ألف مواطن تقريباً (42). أي قرابة نصف سكان البلاد. وهو النصف الفاعل في الحياة العامة. كانت فكرة الإصلاح، إذن، مزروعة في كل بيت.

متسلحين بشرعيتهم الشعبية، كتب ممثلو الهيئة، "ممثلو الشعب"، مذكرة إلى الحاكم، الشيخ سلمان بن حمد آل خليفة. بُعثت نسخة منها إلى وزارة الخارجية البريطانية، حملت في طياتها مطالب الهيئة. والمذكرة عبارة عن وثيقة تاريخية تلخص الوضع القائم في البلاد. تشخص إشكالية الأزمة السياسية والتنموية فيها. كما تقدم رؤيتها للحلول الضرورية لنقل البلاد إلى حالة أفضل. لقد حملت المذكرة مطالب الهيئة الوطنية، وقد ورد فيه ا الآتي:

لقد مضى أكثرمن ربع قرن على وضع أسس الإدارة الحكومية في البلاد. وإذا كانت هذه الأسس قد لبت حاجات البلاد في ذلك الطور البدائي الذي كانت فيه، فإنها لم تعد، بحال من الأحوال، ملائمة لمتطلبات الحياة الحاضرة.(....)

إن اضطراب الأحوال في البلاد ليس لمصلحة الحاكم ولا المحكوم. ولكي تسير الأمور في مجاريها الطبيعية لا بد من تحقيق إصلاحات عامة، جذرية في الجهاز الحكومي، وذلك بإشراك الشعب في إدارة شؤونه.(....) والقضاء على

---

(42) المرجع نفسه ، ص 68.

عوامل القلق والتوتر، (....). فقد انتدبنا، يا صاحب العظمة، لتتقدّم إلى عظمتكم، باسم الشعب، بالمطالب الآتية آملين أن تعملوا على تحقيقها، وبذلك تسجلون صفحة ناصعة في تاريخ البلاد ( ).

حمل المذكرة إبراهيم بن موسى وعبدالله أبوذيب، وهما عضوان بارزان في اللجنة التنفيذية. كان استقبال الحاكم لهما معبراً عن طبيعة العلاقه بينه وبين شعبه. فقد أخذ المذكرة ورماها على الطاولة. وقال، "نحن نعلم كيف ندير شؤوننا، وما أنتم إلا رعايا عليكم السمع والطاعة. "وأضاف قائلاً، إن بعض الناس سموا أنفسهم ممثلين للشعب، تقدموا بمطالب ليس من حقهم المطالبة بها، لأنهم لايمثلون أحداً. والحكومة جادة في تنفيذ الإصلاحات ضمن المخطط الذي رسمته، وإنها تحذر هؤلاء من الإخلال بالأمن، فإن الحكومة قادرة على الضرب على أيدي العابثين بشدة ( ).

كان هذا هو المنطق السائد آنذاك. يذكر بمنطق الحكم الإلهي في أوروبا القرون الوسطى، " أنا الدولة والدولة أنا". وكأن شؤون البلاد ليست من شؤون أهلها. لا تخص أهلها. أما مسألة " وما أنتم إلا رعايا عليكم السمع والطاعة"، فهي جملة تلخص طبيعة السلطة وثقافتها. هي

---

(43) الباكر (عبد الرحمن)، مرجع سابق ، ص 69.

(44) المرجع نفسه ، ص 71.

كلمة سر التخلف الاجتماعي والثقافي في منطقة الخليج العربي.

لم تمس العريضة شرعية الحاكم. لم تكن ما عُرف بـ "الشرعية التاريخية" لحكام منطقة الخليج، كلها تقريباً، مسألة خلافية آنذاك. وفي محاولة لتجنب الصراع المكشوف مع البريطانيين، لم تتطرق المذكرة إلى الوجود البريطاني. لقد فضلت التركيز بشكل خاص على بلغريف، ممثل المستعمر ورمزه. بيد أن الهيئة قد توهمت إمكانية تحييدهم. كيف للكولونيالي، وهو الشيطان الحاضر في كل التفاصيل، أن يحيد نفسه، والصراع في الجوهر معه وليس مع الحكومة.

تظاهر الإنجليز بالحياد. وكأن الأمر لا يعنيهم أبداً. وما دامت المطالبة سلمية، كما قالوا، فهم يؤيدون الهيئة في بعض المطالب، ويخالفونها في معظمها. إنهم يرفضون الجوهري منها. إذ يرون أن المجلس التشريعي سابق لأوانه. وذلك لعدم وجود أصحاب الكفاءات التي تستطيع أن تحتل مقاعدها في المجلس وتسن القوانين وتشرع التشريعات. كما لا يؤيدون تكوين نقابة للعمال لعدم وجود الوعي العمالي الكفيل بممارسة العمل النقابي. ويرون أنه بدلاً من المجلس التشريعي يمكن إيجاد مجالس عصرية أكثر من المجالس الحالية كالبلديات والمعارف والصحة (45).

---

(45) المرجع نفسه ، ص 74، 75.

أصدرت الحكومة بياناً اعتبرته الهيئة مخيباً لآمالها. كان رد الحاكم كفيلاً بتفاقم الأمور ودفعها إلى مداها. فقد وضع جداراً منيعاً بينه وبين شعبه. بالطبع القبول بمطالب الديمقراطية هو الإقرار بحق المشاركة والاعتراف بالهيئة، هو اعتراف بشرعية معارضة، أي بثقافة مواطنة وليس ثقافة رعية. إجمالاً، هي عملية فتح ثغرة في ثقافة الاستبداد. وتلك أمور ليس باليسير قبولها.

فكرة المجلس التشريعي هي النقيض لثقافة الاستبداد والهيمنة. كيف يشيد مجلس تشريعي في ظل استعمار؟ ألم تكن تلك معضلة حركة الإصلاح الكويتية؟ منذ البدء سترفض فكرة تشكيل المجلس التشريعي، بحجة أن الوقت غير مؤات. حتى حين كان الشعب، المعني بالمسألة أساساً، يعتبرها سفينة خلاصه.

ولكن ما هو المقصود حقيقة بالوقت؟ ومَن مِن حقه أن يحدد الوقت الملائم، هل هو المستعمر؟. ألم يجهض هو ذاته، حركة الإصلاح عام 1923، وبعدها حركة عام 1938؟ وألا تعني مطالبة الشعب دليلاً كافياً على وعيه، ومؤشراً على قدرته على تحمل مسؤوليته الوطنية؟ لكن إتيان الوقت يعني لحظة الاعتراف بحق المشاركة في السلطة. وهذه ليست في أجندة الإنجليزي بالطبع، فلا وقت للإصلاح وبناء الديمقراطية في المستعمرات.

على ضوء رد الحاكم الرسمي، عقدت الهيئة اجتماعاً

عاماً بتاريخ 9 شباط/فبراير 1954، حضره قرابة العشرين ألف مواطن. وهو حدث معبر جداً. قدم الأمين العام اقتراحاً يقضي بعدم التمسك بكل المطالب التي قدمتها الهيئة، بل التمسك بالمطلب الرئيسي، أي تشكيل مجلس وطني منتخب. قائلاً بأن الحصول على هذا المطلب، من شأنه أن يسهل علينا تحقيق المطالب الأخرى فيما بعد (46).

كانت رؤيته سليمة جداً.

الإضراب العام الأول عام 1954

ولم يبق أمام الهيئة سوى الدخول في لعبة إثبات الوجود. وأقرت إعلان الإضراب العام في البلاد. كان أول إضراب في نوعه في تاريخ المنطقة ككل. وهو قرار تحدٍّ كبير. استجاب له البحرينيون بشكل مثير، أدهش الجميع، وأولهم، بالطبع، الإنجليز. فبقدر ما كان ذلك مؤشراً على الاستياء العام، كان مؤشراً أكثر على مستوى الوعي السياسي لدى البحرينيين.

شُلت البلاد تماماً. يقول أحد التقارير، "إنه من اللافت للنظر أنهم أثبتوا قدرتهم على إخرج العمال من أعمالهم بهذا العدد، وأن الإضراب جرى بهذه الدرجة من النظام والترتيب" (47). وفي مكان آخر، يصف المعتمد السياسي في

---

(46)حميدان (أحمد)، مرجع سابق ، ص 42.

(47)أنظر، الشهابي (سعيد)، مرجع سابق ، ص 182.

البحرين دور الهيئة في الإضراب، قائلاً، " خلال الإضراب العام في ديسمبر، كان ضبطهم للأمور مثيراً للعجب، أكان من حيث شمول الإضراب أو من حيث التنظيم. وهذا يعكس تنظيماً جيداً. وأعتقد أن معظم قوة الهيئة ناتجة عن حقيقة أن هناك شعوراً عاماً وحقيقياً بعدم الرضا عن بطء حكومة البحرين، وعن المواقع المتميزة للعائلة الحاكمة، (...)، وانعدام الثقافة لدى العائلة ككل" (48). وهذه شهادة لا ترد.

ظهرت الهيئة بتعاطيها الإيجابي مع الوضع العام، وكأنها السلطة الحقيقية في البلاد. إذ قامت بتنظيم جميع نشاطات الحياة اليومية للمواطنين، كتوفير المؤن الضرورية، والحفاظ على النظام والهدوء في مختلف المناطق، والإشراف على تسهيل نقل الأجانب وسفرهم (49). قطع هذا الأداء الشك باليقين، واستحقت الهيئة صفتها كممثل للشعب، وأضحت تملك الوزن والشرعية الكاملين لتقود الشعب البحريني. وبدا الاعتراف بها مسألة لا رجعة عنها.

أدرك الإنجليز حينئذ، بأن الهيئة لم تكن تجمعاً سياسياً عفوياً، كما كان حال حركة 1938، بل قوة وطنية حقيقية. تملك رؤية واضحة، وإستراتيجية محددة، ومجابهتها لم تكن بالأمر اليسير حتى بالنسبة إلى الإنجليز. يصف، أحد التقارير

---

(48) المرجع نفسه ، ص 186

(49) مرجع سابق ، ص 43. حميدان (أحمد).

البريطانية الهيئة، بأنها تمثل " الحد القاطع" لحركة إصلاح وطنية. إذ أظهرت الكثير من النشاط، بحيث لم يعد ممكناً إهمال المطالبة بالإصلاح. ويؤكد التقرير، بأنها تمثل، بجدارة، المطالب العامة المحسوسة في هذا الشأن ( ).

ومع علم الإنجليز بهذه الحقائق، واعترافهم بذلك، ومع علمهم، أيضاً، بأن الوضع في البلاد كان سيئاً على كل صعيد، وأن الإصلاح أضحى مسألة ملحة، إلّا أنهم أصروا على إبقاء الوضع دون أي تغيير. فالبؤس والتخلف حالة كولونيالية.

كما كان مقرراً، دام الإضراب أسبوعاً كاملاً. أخيراً أدرك الإنجليز بأنه لا مناص من التفاوض. أفضى هذا الوضع إلى بدء سلسلة من اللقاءات المطولة بين ممثلي الهيئة والبريطانيين. لم يكن لدى البريطانيين شيء جديد يقدمونه للهيئة. إذ لم يكن الإنجليز يرفضون رفضاً باتاً السماح بتشكيل مجلس منتخب فحسب، بل رفضوا حتى الاعتراف بالهيئة، كهيئة وطنية. وكانوا لا يشيرون إليها إلا ب "الهيئة" تفادياً للإشارة إلى صفتها الوطنية، خشية من أن يدل ذلك على اعتراف بها.

---

(50) FO 371-120540. General report on events in the Persian Gulf. 1955, p. 13

حيرة الانجليز

وجد الإنجليز أنفسهم أمام تحد لا مثيل له. كانوا أمام تيار وطني، يتمتع بتأييد شعبي كامل. أمام الطائفتين موحدتين. قيادة مشتركة صلبة. كانت إذن، الخيارات صعبة، والحيرة لاشك كاملة.

تلخص رسالة المقيم السياسي في البحرين إلى وزارة الخارجية في لندن، بتاريخ 26 تشرين الأول/أكتوبر 1954، درجة القلق والإرباك. إذ يقول:

إن المشاكل التي نواجهها هي باختصار:

"أ- هل علينا أن نضغط على الحاكم، إما للقبول بالمطالب السياسية للهيئة التنفيذية، أو بإحداث تحسي نات كبيرة في إدارته لتقليل مدى الدعم للهيئة؟

ب- ماذا نقول لقادة هذه الحركة السياسية عندما يأتون لمقابلتي أو مقابلة المعتمد السياسي، أو عندما يذهب وفد منهم للمملكة المتحدة لطرح قضيتهم أمام حكومة صاحبة الجلالة كما يخططون.؟

(....). الشيخ سلمان هو أفضل الحكام للبحرين. البديل إما هو أو شخص آخر من العائلة (...)، أو ديمقراطية برلمانية يسيطر عليها مجموعة من الديماغوجيين تحت تأثير مصر. يبدو، إذن، وكما لاحظنا قبل بضعة أشهر في الكويت، وفي ظروف مشابهة تقريباً، أن علينا أن نقبل بتقليل

الضغط على (الحاكم) خوفاً من بديل أسوأ. (...) ليس لدينا أي قدر من التعاطف لتقديمه لـ "ديمقراطيي المستقبل". وكل ما نستطيع قوله إنهم محظوظون أن يكونوا محكومين كما هو الحال الآن" (51).

تقدم الرسالة صورة لحالة إرباك الساسة البريطانيين. فإما القبول بالهيئة ومطالبها، والانتقال بالبحرين إلى الحياة البرلمانية، وبناء الدولة الحديثة، وإما الإصرار على تعزيز التفرد بالسلطة واستثمار البؤس. وذلك لا يمكن أن يخلق من البحرين إلا مخزناً للاحتقان السياسي والاضطرابات بصنوفها.

وفي رسالة أخرى، إلى وزارة الخارجية البريطانية يتعرف المسؤول البريطاني بالمأزق الذي كانوا يعيشونه. قائلاً:

" إن ورطتنا هي أننا إذا أبدينا ميلاً للإصلاحيين، وذلك بالضغط على الحكم لإدخال نوع من الحكم أكثر تمثيلاً، هي الآتي:

1- فإننا سنقلل من ثقته فينا وربما يتنازل.

2- إن سيادته الشخصية ستصبح أضعف، وكذلك موقعنا الذي يعتمد كلياً على علاقتنا معه شخصياً.

3- إن أي نوع من الهيئة التمثيلية من المرجح أن ينتقد العلاقات مع بريطانيا، وفي النهاية يقطعها.

4- إن النظام الحالي الذي تحكم به البلاد، والمناخ

---

(51)الشهابي (سعيد)، مرجع سابق ، ص 182، 183.

الهادي الذي تعمل ضمنه شركة النفط، سوف يذوب في بوتقة القومية العربية. وأي درجة من الرضوخ إلى مبدأ التمثيل سيؤدي إلى حركة سريعة باتجاه حكومة برلمانية كاملة وإزاحة نفوذنا. وإذا ما قضي على النمط التقليدي في البحرين، فإن موقفنا كله في الخليج، وخصوصاً في الكويت وقطر سيتأثر بذلك." (52)

بكل صراحة إذن، لا لنظام برلماني يعكر مناخ نهب شركات النفط. تبدو وكأنها خلاصة تجربتهم في الكويت مع مجلس عام 1938. وبالمقابل، النظام القائم يوفر للشركات ولهم الاستقرار المطلوب لضمان كل النفوذ. ما من شك بأن في هذه الرسالة، من حقائق واعترافات، ما يكفي لإثبات طروحاتنا، وما يعفينا من عناء البحث والتحليل.

على ضوء ما لمسته السلطة من شعبية الهيئة وفعاليتها، أبدت استعدادها للتفاوض. لكنها لم ترغب في لقاء أمينها العام كي لا يعتبر ذلك اعترافاً منها بالهيئة، بل طلبت الحكومة لقاء شخصيتين بارزتين هما علي السيد إبراهيم وعبد العزيز الشملان. وهما وإن كانا من قيادة الهيئة، لكن الحاكم لم يستقبلهما إلا بصفتهما من رعاياه.

في محاولة منها لتمييع مطالب الهيئة، وافقت الحكومة على إدخال بعض الإصلاحات البسيطة. مثل التحضير لوضع

---

(52) المرجع نفسه ، ص 184،185.

قانون مدني وجنائي، تعيين قضاة مؤهلين، إعادة تنظيم الشرطة وإصلاح السجون، تشكيل مجلس للمعارف وآخر للصحة. على أن يكون نصف أعضائها منتخبين. مع قبول الهيئة هذه الخطوات إلا أنها لم تتخلّ عن مطالبها الأخرى (53).

بيد أن، الحكومة، بإيعاز من الإنجليز، سرعان ما نقضت الحكومة الاتفاق، وشكلت مجلساً إدارياً مكوناً من بعض أفراد الأسرة الحاكمة، ورؤساء الدوائر، وعضوية اثنين من أبناء الشعب. وأمرت بأن أي مطالب تقدم للحاكم يجب أن تمر عبر هذا المجلس الإداري. لا اتصال مباشر مع الحاكم. طبعاً رفضت الهيئة هذا المجلس، وطالبت بمقاطعته. وفعلاً تمت مقاطعته.

عام 1955 كان حافلاً بالأحداث. خلال شهر تشرين الأول/أكتوبر من العام نفسه، دارت نقاشات أخرى بين ممثلي الهيئة والشيخ. وتم الاتفاق هذه المرة على أن يشكل الحاكم ثلاثة مجالس: مجلساً للصحة وآخر للتعليم، والثالث للبلدية. نصف أعضائها معين والنصف الثاني منتخب. وعلى الرغم من تحفظات الهيئة على الاتفاق، الذي لم تر فيه إلا محاولة لحملها على التخلي عن مطلبها الرئيسي بالمجلس التشريعي، إلا أنها وافقت على ذلك في محاولة منها لإظهار

---

(53)انظر، الباكر (عبد الرحمن)، مرجع سابق ، ص84.
وحميدان (أحمد)، مرجع سابق ، ص44.

المرونة. وعندما حصلت فعلاً عملية انتخاب النصف من الأعضاء، حصل مرشحو الهيئة على 95%، من الأصوات (54). بالمقابل سقوط كل ممثلي الحكومة. كانت صفعة قوية للإنجليز. وقد تمنوا لو لم يمروا بهذا الامتحان العسير.

واللافت، أن التقارير البريطانية اعتبرت مسألة تشكيل المجالس خطوة هامة من شأنها، على حد تعبيرهم، أن تطوّر مبدأ الانتخاب في البحرين، كما في دول الخليج الفارسي. وسيكون مثيراً للاهتمام أن نرى، كما يذكر التقرير، إلى أي مدى سينجح في التطبيق. أما عن الغاية السياسية من تشكيل هذه المجالس، وبهذه التركيبة، فالتقرير لا يتردد في القول، بأن هذه اللجان ستعطي البحرينيين، " نظرياً"، بعض المشاركة في الحكومة. وهذا من شأنه أن يدفع بالهيئة لتجاوز مطلبها المبكر بالمجلس التشريعي (55).

إذن، هذه "التنازلات" الإدارية البسيطة كانت خطوة ترمي إلى إفراغ الديمقراطية من مضمونها الحقيقي. فضلاً عن ذلك، قامت الحكومة بتعيين ممثليها في المجالس من

---

(54) حميدان (أحمد)، مرجع سابق ، ص 59. انظر، الرميحي (محمد)، البحرين مشكلات التغيير السياسي والاجتماعي، مرجع سابق ، ص239.

(55) FO 372/ 120540. General report on events in the Persian Gulf. 1955, p. 15

العناصر ذاتها التي أسقطها الشعب البحريني في الانتخابات. رفضت الهيئة خطوة الحكومة، واحتجاجاً على ذلك رفضت المشاركة، في المجالس، وسقط هذا المشروع هو الآخر.

من جانب آخر، قررت الهيئة تأسيس نقابة للعمال البحرينيين. سرعان ما أقبل العمال للاشتراك في النقابة بشكل لافت حقاً. ما أظهر وعياً عمالياً واضحاً. وجدير بالذكر أن بريطانيا كانت بصدد وضع قانون للعمل والعمال، لكن الهيئة فضلت أن تضعهم أمام الأمر الواقع، تحسباً لأي قوانين من شأنها أن تضر بالعمال البحرينيين. ومن جانبها، عبرت شركات النفط البريطانية في البحرين والمملكة السعودية، عن مخاوفها من إمكانية انتشار هذا الوعي العمالي المستجد، الذي بدأ قوياً ومتأصلاً. لكن لم يكن أمام الإنجليز إلا قبول هذه الخطوة على مضض.

من جانب آخر، في آذار/مارس 1956، وقع خلاف شخصي، عرف بحادث البلدية، سرعان ما تطور إلى صدام بين الأهالي والشرطة، التي أطلقت النار وسقط عدد من القتلى والجرحى. وصل الاحتقان إلى أوجه، ما اضطر الهيئة أن تعلن إضرابها العام الثاني احتجاجاً على العنف الذي أبدته السلطة. كما في إضراب عام 1954، تجاوب البحرينيون مع قرار هيئتهم، وشلت الحياة في البلاد.

الاعتراف بالهيئة

بلغت المواجهة بين الهيئة والإنجليز ذروتها. وفي هذه الأثناء طلبت الحكومة الحوار مع ممثلي الهيئة. وفي اللقاء، قدم ممثلو الهيئة مطالبهم:

1) اعتراف الحكومة بالهيئة التنفيذية العليا.

2) إجراء تحقيق علني حول حادثة البلدية ودفع تعويض لأقارب القتلى.

3) إعفاء السيد بلجريف من منصبه.

4) دعوة الدكتور عبد الرازق السنهوري (الخبير القانوني المصري، المعروف آنذاك)، للقدوم إلى البحرين لدراسة القوانين المدنية والجنائية، وذلك لمساعدة لجنة منتخبة بطريقة ديمقراطية (56).

بعد مباحثات صعبة، توصل الطرفان إلى صيغة توافق، حيث وافق الإنجليز، باسم حكومة البحرين، على كل مطالب الهيئة تقريباً. وفعلاً تم الاعتراف بالهيئة. كما وافقت على تأليف لجنة تحقيق يتولاها قاض محايد، وعلى تعويض أسر الشهداء، ووافقت على استدعاء، الخبير المصري، الدكتور السنهوري، لسن القوانين المدنية والجنائية. كما وعد الإنجليز بعزل مستشار حكومة البحرين بلجريف بنهاية عام 1956.

---

(56) الباكر (عبد الرحمن)، مرجع سابق ، ص 105.

كل ذلك مقابل تنازل الهيئة عن مطالبها بتشكيل مجلس تشريعي. كانت الهيئة، بل البلاد كلها، تمر بظروف في منتهى الصعوبة. مر قرابة العامين على حالة الصراع والتوتر في البلاد. لم يتراجع استعداد البحرينيين للتضحية، بيد أنهم أنهكوا كثيراً. وكما يبدو، لم يكن أمام الهيئة إلا القبول بحل وسط. وحُلّ الإضراب.

وفي 18 آذار/مارس 1956، وقّع الحاكم، الشيخ سلمان، بحضور ممثلي الهيئة، الأمين العام عبد الرحمن الباكر، وعبد العزيز الشملان، وعبد العلي العليوات، ومحسن التاجر، الاتفاق. وعرفت بعدها باسم " هيئة الاتحاد الوطني". ومهما يكن، اعتبر الاعتراف مكسباً سياسياً للحركات الإصلاحية والديمقراطية في منطقة الخليج.

كان حدثاً كبيراً. وقد عبرت بعض الجهات عن تضامنها وتأييدها للهيئة وبرامجها الإصلاحية. وبعث النادي الثقافي القومي، وهو مركز إشعاع للفكر القومي في الكويت، ببرقية أشاد فيها بنضال الهيئة ضد الاستعمار، معتبراً ذلك خطوة عظيمة في سبيل خدمة النهضة في الخليج. وكذلك فعل نادي المعلمين بالكويت، الذي أشاد بنضال الشعب البحريني في وجه الاستعمار. واعتبر ما تحقق في البحرين انتصاراً للحرية والديمقراطية في الخليج العربي.

وبناءً على طلب من الحاكم، كأحد شروط الاعتراف، غادر الأمين العام البحرين إلى منفاه في بيروت لمدة ستة

أشهر. خلال وجوده في المنفى بدأت تتشكل لديه قناعات راسخة بأن حل المسألة الوطنية لا يتم بمعزل عن المسألة القومية. فلا مجال برأيه لصمود حركة وطنية منفردة. أدرك بأنه لا بد من مشروع تضامن قوي يربط كل الحركات الوطنية في المنطقة. فور رجوعه من منفاه القصير، بدأ يشارك في تطبيق البنود التي تم الاتفاق عليها مع البريطانيين. إلا أن البريطانيين كانوا يستعدون لتصفيتها، ووضع حد، نهائي، لهذا التحدي الكبير.

ظلت المباحثات بين الطرفين مستمرة، إلا أنه بسبب خطف الفرنسيين طائرة الزعيم الجزائري أحمد بن بلّه ورفاقه، أوقفت المفاوضات. وبعد أيام قليلة، في تشرين الأول/أكتوبر 1956، تعرضت مصر للعدوان الثلاثي، وبلغ الاستنكار أوجه. انطلقت المظاهرات الصاخبة في المنامة، شأنها شأن كل العواصم والمدن العربية الأخرى. فقد شعر البحرينيون، كما العرب عامة، بأن الاعتداء أصاب الأمة العربية في العمق. لكن هذه المرة، بدأت مظاهر العنف تعم البلاد، فأحرقت بيوت العسكريين والرسميين الإنجليز، وكذلك بعض المؤسسات التجارية البريطانية. وفي مثل هذه الظروف لم يكن بمقدور أي جهة، حتى الهيئة، السيطرة على الوضع.

وكما يحدث دائماً في ظروف الانفلات، اندست بعض العناصر المخربة، المدفوعة من السلطات البريطانية، وقد

ثبت ذلك لاحقاً، لتشويه تعبيرات الاستنكار. إذ حاولت مجموعة القيام بحرق الكنيسة الكاثوليكية. وهو عمل لا يقبله لا الدين ولا الأخلاق، ولا يمكن أن تقوم به عناصر وطنية حقيقية. وفر هذا العمل المدان مبرراً كافياً لأي إجراء تتخذه السلطات الإنجليزية ضد الوطنيين البحرينيين.

وهكذا، استغلت السلطات حوادث الشغب والعنف التي رافقت التظاهرات، وألقت القبض على قادة الهيئة الخمسة: عبد الرحمن الباكر، عبد العزيز الشملان، عبد علي العليوات، إبراهيم بن موسى، وإبراهيم فخرو. ووجهت لهم أربع تهم كبيرة، منها التخطيط لقتل حاكم البحرين وتغيير نظام الحكم. وهي تُهم لا يمكن أن تكون إلا انتقامية، كونها عارية عن الصحة تماماً.

المحاكمة والمنفى

أخيراً، أي بعد عامين من الصراع الحقيقي، ربح الإنجليز المعركة. كسرت الهيئة، وضربت الحركة الوطنية. وفعلاً، وبشكل عاجل، تم تأليف محكمة صورية، ضمت هيئتها كلاً من الشيخ دعيج بن حمد الخليفة، شقيق الحاكم، رئيساً، والشيخ عبدالله بن عيسى الخليفة، والشيخ علي بن حمد الخليفة، عضوين. وشكلت هيئة الادعاء من المستر بِنْ (Ben) ، وهو مدير الهجرة، كلف بمسؤولية المدعي العام.

والكولونيل رايت (Wright) ، وهو نائب قومندان الشرطة. وضابط صف قبرصي كمترجم (57). وهي تركيبة لا علاقة لها، لا بالقانون ولا بالقضاء، ناهيك عن العدل. احتجاجاً على طبيعة التهم، وعدم قانونية المحكمة ذاتها، رفض المتهمون حتى الدفاع عن أنفسهم. مثل التخلي عن حق الدفاع فعل إدانة للمحكمة وأحكامها. كان ذلك موقفاً معبراً. والحال، أنه ليس ثمة ما يمكن أن يغير في مجرى الأمور أو نهاياتها. كانت المحكمة سياسية، والأحكام كانت مقرة سلفاً، والأمر في النهاية لم يكن يتعلق بقانون أو بعدالة.

وبعد يومين من الجلسات المغلقة، أصدرت المحكمة حكمها على عبد الرحمن الباكر، وعبد العزيز الشملان، وعبد علي العليوات، بالسجن أربعة عشر عاماً، وتم نفيهم إلى جزيرة "سانت هيلانة". وحكم على كل من إبراهيم بن موسى، وإبراهيم فخرو بالسجن عشر سنوات. وفي الوقت ذاته تم نفي السيد علي إبراهيم كمال الدين، وهو قيادي في الهيئة، إلى العراق. وتشرد كل أعضائها، البالغ عددهم مائة وخمسين عضواً، خارج البلاد. استقر عدد كبير منهم في الكويت.

كانت التهم والأحكام مجحفة حتى باعتراف بعض الإنجليز، إذ، أسر أحد ضباط الباخرة التي نقلتهم إلى

---

(57)الباكر (عبد الرحمن)، مرجع سابق ، ص 226.

منفاهم، للباكر قائلاً: إن الحكم لم يكن سوى ضربة موجهة إلى ناصر (58). لم يكتف الإنجليز بنفي الزعماء الثلاثة إلى جزيرة معزولة عن العالم، بل أودعوهم السجن فيها.

<hr>

(58) المرجع نفسه ، ص 248.

خلال وجود المناضلين الثلاثة في السجن في منفاهم، حيث سيقضون فيه أربعة أعوام كاملة، زارهم بتاريخ تموز/يوليو 1957، أي بعد ما يقارب ثمانية أشهر من وصولهم إلى الجزيرة، السيد تنستول (Tunstall) وهو مصور إنجليزي، والتقط لهم مجموعة من الصور في سجنهم في الجزيرة. ولم تمر أشهر معدودة إلا والصحف البريطانية كلها تنشر صورهم. وتتساءل عن شرعية وجود مناضلين يحملون الجنسية البحرينية معتقلين في منفى خاضع للسلطات البريطانية. أين القانونية في ذلك؟ وكيف كانت محاكمتهم؟ وماهو دور البريطانيين في ذلك؟ خاصة وأن بريطانيا لا تعتبر البحرين مستعمرة لها. الموقف البريطاني الرسمي يقول " البحرين بلد مستقل ولكن مرتبط بمعاهدات دفاعية مع بريطانيا".

أخذت القضية تشغل حيزاً كبيراً من الرأي العام البريطاني، ومن ثم انتقلت إلى مجلس العموم، وبعدها إلى المحاكم البريطانية. وقد تبنى أحد المحامين البريطانيين، وهو السيد شريدان، قضية الدفاع عن عبد الرحمن الباكر ورفاقه.

وخلال عامين من الجلسات والمرافعات، انتقلت أخيراً هيئة المحكمة ذاتها إلى جزيرة سانت هيلانة، لتتوصل بعد جلستين إلى الحكم بالإفراج عن المناضلين البحرينيين. والواقع أن هذا الانتصار، لم يكن للقضاء البريطاني فحسب، بل كان انتصاراً لجهود مناضلين بريطانيين من رجال سياسة وإعلام وحقوقيين. ونقل الباكر ورفاقه إلى لندن حيث تم استقبالهم في مجلس العموم البريطاني، وقد منحتهم بريطانيا جوازات سفر بريطانية.

=

مرة أخرى أسقط البريطانيون التجربة الديمقراطية الثالثة في البحرين. يبدو من المشهد، أن فكرة الإصلاح السياسي وتشييد الديمقراطية، قد انتقلت كشعلة من جيل إلى آخر. وكل موجة كانت تأتي أكثر اتساعاً وأعمق فكراً وأنضج ممارسة. ولئن كان مسارها يؤكد تقدم التاريخ، فهو يؤكد أيضاً صلابة النضال الوطني البحريني. كل ذلك على الرغم من الهيمنة البريطانية، التي سلبت الخليج قدره الطبيعي. أفرز كل جيل قادته الوطنيين المميزين. وما زالت البحرين تقدم نماذج من الشخصيات الوطنية الفذة، والمميزة حقاً على صعيد الخليج ككل.

كانت تداعيات هذه الانتكاسة على الفكر الإصلاحي كبيرة حقاً. كانت أولى ضحاياها البلاد وأهلها. فقد ثبت النظام العائلي، وتعززت بدورها ثقافة الرعية، ومعها الهيمنة

= بيد أن ما أسعد المناضلين البحرينيين كثيراً، هو اكتشافهم أن من تبنى قضيتهم حقيقة، والتكفل بمصاريف المحامين هو عبد الناصر. فلم تشغله كل أعباء الأمة ومشاكلها عن الالتفات إلى قضية مناضلين خليجيين. واللافت حقاً، أنهم أبلغوا، أيضاً، بأن الرئيس نكروما، رئيس جمهورية غانا، هو الآخر قد أبدى اهتمامه بمسألة الإفراج عن المناضلين البحرينيين. بل أكثر من ذلك، لقد أبدى استعداده، في حال فشل الجهود القانونية، للقيام بعملية اختطاف الباكر والشملان والعليوات، من منفاهم في جزيرة سانت هيلانة، وتحريرهم من قبضة الإنجليز. (راجع الباكر عبد الرحمن)، مرجع سابق ، ص 248).

البريطانية. وبإسقاط هذه التجربة حرمت البحرين من دخول التاريخ الحديث معززة بالمؤسسات الديمقراطية والحريات السياسية وحكم القانون.

وكما كان الحال بعد إسقاط كل محاولات النهوض، دخلت البلاد، هذه المرة أيضاً، في حقبة حرجة من تاريخها المعاصر. وأعلنت حالة الطوارئ، وأغلقت الصحف الوطنية، وطورد الوطنيون.

ولئن كانت الانتكاسات الأولى للحركات الإصلاحية قد شتتت قادة الإصلاح الوطني، ودفنتهم في منافيهم، فإن الضربة الأخيرة، على الرغم من حجمها، عمقت وعيهم، وصلبت مواقفهم السياسية والفكرية. بل أظهر الوطنيون الخليجيون تمسكاً أقوى بثوابتهم الوطنية والقومية.

والواقع، أن الأمر لا يتعلق بخيارات، بل بحقائق وجود. أن تكون وطنياً ليس خياراً فكرياً أو أخلاقياً، إن هي إلا وصفة طبيعية لحالة انتماء إلى وطن وثقافة، إلى الجذور والثوابت. واللافت أن انتكاسة الهيئة في البحرين والعدوان الثلاثي على مصر قد جبرا اللحمة القومية. فليس النصر وحده يدفع الأمم إلى الأمام، بل غالباً ما تكون للهزائم والإخفاقات طاقتها الدافعة للتاريخ والشعوب.

وهكذا، ستدخل القضية البحرينية، كما القضايا الخليجية، إلى صلب النضال القومي العربي. كان من شأن ذلك أن يفرز قوى وجبهات أكثر تنظيماً وصلابة.

انتفاضة 1965

لكل موجة إصلاحية، وهي حركة في التاريخ، ثمارها السياسية والفكرية. كما لكل مرحلة آفاقها وتحدياتها. كانت هيئة الاتحاد الوطني عام 1956، وهي آخر محطة للنضال الديمقراطي قبل الاستقلال، مختبراً حقيقياً للفعل والفكر السياسيين. كان أحد أهم إنجازاتها أنها احتضنت الجميع، بمختلف مشاربهم السياسية والفكرية، وانتماءاتهم الطائفية أو المذهبية، ضمن إطار النضال الوطني العام، ومن ثم أفرزت أطيافاً من القوى والتنظيمات السياسية القومية والتقدمية والثورية.

بعد سقوط الهيئة الوطنية عام 1956، دخلت البحرين، كما رأينا، مرحلة حرجة من تاريخها، ولن تخرج البلاد من أزمتها إلا في مطلع السبعينيات، لكنها قبل ذلك، ستمر بمحطتين مؤسستين، انتفاضة آذار/مارس 1965، والتحرك العمالي والشعبي في آذار/مارس 1972. وإذا كانت الأولى ستعيد تموضع الحركة الوطنية، القومية والتقدمية، فإن التحرك الثاني، سيفرض على السلطة، ولأول مرة، التعامل مع استحقاقات الاستقلال ومنها الدستور والمشاركة. والحدثان لا يمثلان إلا محركين في قطار مطالب الإصلاح والديمقراطية.

في 15 شباط/فبراير 1955، تشكل أول تجمع سري منظم، عرف ب "جبهة التحرير الوطني البحرينية". اختيرت

هذه التسمية تيمناً بالثورة الجزائرية بقيادة "جبهة التحرير الوطني الجزائرية"، وكذلك ب "الجبهة الوطنية" التي كان يتزعمها محمد مصدق في إيران. إلا أنها وبغض النظر عن دلالات التسمية، كانت نواة لتنظيم يساري، سيتخذ من الماركسية منهجاً فكرياً له.

وجدير بالملاحظة، أن عناصر من حزب "توده" الإيراني، التي فرت إلى البحرين، بعد سقوط حكومة محمد مصدق عام 1953، ومنهم حسن نظام، كما كوادر من الحزب الشيوعي العراقي، لجأت، هي الأخرى، إلى البحرين بعد ضرب نوري السعيد للحزب الشيوعي في العام نفسه. جميعها أسهمت في بناء جبهة التحرير الوطني البحرينية. ستحدد هذه الخلفية التوجه الأيديولوجي السوفياتي للجبهة. وقد أصدرت الجبهة أول برنامج سياسي لها عام 1962. وهو أول برنامج مكتوب لحركة سياسية في الخليج (59). سيظهر لاحقاً حزب البعث العربي الاشتراكي في أوساط الطلبة البحرينيين في بيروت. ورغم حضوره المهم في أوساط المثقفين، إلا أنه لم يكن حزباً وازناً على الساحة السياسية.

---

(59) انظر، أحمد الذوادي يتذكر . مطبوعات المنبر الديمقراطي التقدمي، البحرين، المنامة، مملكة البحرين، 2007. ص50. وانظر، أيضاً، العكري (عبد النبي)، التنظيمات اليسارية في الجزيرة والخليج العربي ، بيروت 2003، ص 23.

وستنضم مجموعة كبيرة من الطلبة البحرينيين في بيروت والقاهرة، وحتى في العراق البعثي، إلى حركة القوميين العرب، التي ستتحول إلى قوة مؤثرة في منطقة الخليج، ومنها البحرين. وقد وجدت بيئة عربية متعاطفة بفضل تأثير الفكر القومي الناصري. لكن الحركة ستصهرها هزيمة عام 1967، وتتحول، بشكل دراماتيكي، إلى اليسار، إذ تبنت شعار الاشتراكية العلمية. لم يكن في الغالب التبني الفكري، لدى الكثيرين، ناتجاً عن وعي والتزام عقائدي حقيقي، بقدر ما كان تعبيراً قوياً عن رفض قوي للاستعمار والاستبداد المزمن.

وأعلن تشكيل "الحركة الثورية الديمقراطية في عُمان والخليج العربي". وسيكون لها فروع في البلدان الخليجية. رفع شعار النضال المسلح في المنطقة ككل، من إقليم ظفار إلى الكويت، "لتحرير الخليج العربي المحتل"، دون الأخذ في الاعتبار اختلاف الظروف الموضوعية والسياسية لكل بلد، وخاصة الكويت التي حصلت على استقلالها عام 1961. كيف تحرر دولة مستقلة؟

كان هذا التطور لافتاً بالنظر إلى أن حركة القوميين العرب، لم ترفع شعار إسقاط الأنظمة الأسرية قبل هزيمة عام 1967. بيد أن هذه الإستراتيجية لم تظهر إلا جهلاً سياسياً، أكثر منه نقلة إستراتيجية. لم يكن هذا التوجه الفكري

دخيلاً على الثقافة العربية الإسلامية فحسب، بل أفقد الجبهة أرضيتها الجماهيرية التي كانت تعول عليها.

من جانب آخر، ومع ظهور طبقة عاملة فاعلة على الساحة البحرينية، بدأت شركة النفط "بابكو"، التخطيط للتقليل من الاعتماد عليها، خشية من تأثيراتها السياسية المتنامية، التي بدأت تأخذ منحى ووعياً طبقياً واضحاً. هكذا، قررت الشركة عام 1965، تسريح 1500 عامل على دفعات (60). وفعلاً، في فبراير قامت الشركة بتسريح المئات من العمل دفعة واحدة.

حتماً، لم يكن قرار كهذا أن يمر دون رد فعل شعبي قوي. وخرج الطلاب في مظاهرة استنكار، سرعان ما اتسعت دائرتها وحدتها. وكالعادة، جوبهت من قبل السلطة بعنف، ما أدى إلى سقوط عدد من الجرحى من الطلبة، وتأزم الوضع أكثر.

في البدء كان ظهور المتظاهرين شبه عفوي، لكن سرعان ما تحركت القوى السياسية، حركة القوميين العرب، وجبهة التحرير الوطني، لقيادة التظاهرات، وإعادة وضع الصراع في الإطار الوطني الشامل. وتحولت المظاهرات المطلبية، إلى تظاهرات احتجاج ضد الوجود البريطاني ذاته، وأُعلن إضراب عام في البلاد.

---

(60) أنظر، الشهابي (سعيد)، البحرين ، مرجع سابق، ص 268.

ولجهة توحيد الجهود بين القوى السياسية، شكلت جبهة مشتركة عُرفت باسم "الجبهة الوطنية للقوى التقدمية". أصدرت بياناً يتضمن عدداً من النقاط. منها المطالبة بإرجاع العمال إلى أعمالهم، السماح بتشكيل نقابة عمالية. تشكيل لجنة مشتركة من العمال والطلاب للتحقيق في إطلاق النار على المتظاهرين ومعاقبة الفاعلين، فصل الموظفين البريطانيين والأجانب من جهاز الشرطة، وإطلاق سراح جميع المعتقلين في الحال (61). ودخلت البحرين في أزمة حقيقية.

والحق أن انتفاضة آذار/مارس 1965 أسهمت، على نحو كبير، في تذويب الحساسيات بين القوميين والماركسيين، التي كانت قد تفاقمت نتيجة خلاف جمال عبد الناصر مع عبد الكريم قاسم، حليف الشيوعيين في العراق، بعد انقلاب تموز/يوليو 1958. حيث وجد القوميون والماركسيون أنفسهم في مسار النضال الوطني المشترك ضد الاستعمار وأعوانه.

على الرغم من لقاء الجبهة وحركة القوميين العرب، إلا أنه سرعان ما ظهر الخلاف الفكري، الأيديولوجي بين ما هو قومي وما هو طبقي. وسيبدأ وكأن التأكيد على القومي يتناقض مع الطبقي. وهو نموذج لخلاف سيطبع العالم العربي طوال العقدين القادمين. سيعمقه أكثر موقف بعض الأحزاب

---

(61) موسى (حسين). مرجع سابق ، ص87. والرميحي (محمد)، البحرين : مشكلات التغيير السياسي والاجتماعي، مرجع سابق، ص 246-247.

الشيوعية العربية من مسألتي الأمة والقومية. وذلك محور الثقافة العربية. ولا ننسَ مواقف بعض الأحزاب الشيوعية العربية من قرار تقسيم فلسطين. وكل ذلك سيترك آثاره على الخارطة السياسية للقوى القومية واليسارية إلى يومنا هذا.

بعد عشرة أيام من إصدار البيان المشترك، تقدمت "جبهة القوى القومية"، في 25 آذار/مارس، بمذكرة إلى الحكومة، أكدت فيها على نقاط البيان المشترك نفسها، لكنها طالبت بإنشاء مجلس تأسيسي يمثل فيه الشعب بكل فئاته، مؤكدة على ضرورة توفير مناخ ديمقراطي يضمن حرية العمل النقابي والحريات الصحفية (62).

بفضل الضغط الشعبي، إذن، وبتضحيات الطلبة والعمال وكوادر التنظيمات الوطنية، أعيد العمال إلى أعمالهم، وشكلت لجنة تحقيق لتحديد مسؤولية إطلاق النار على المتظاهرين. كان ذلك نجاحاً وإن بدا محدوداً. بيد أنه في الوقت ذاته، انقضت السلطة، كعادتها، على القوى الوطنية بكل أطرافها، وعاقبت الجميع على المطالبة بحقوقهم. وقدر للبلاد أن تعايش المشهد المكرر ذاته. فسجن من سجن وشرد من شرد. ومع غياب أي أفق للإصلاح، لن تعرف البلاد إلا الاحتجاجات والاضطرابات المستمرة.

---

(62) انظر، الشهابي (سعيد)، مرجع سابق ، ص274.

الجزء الرابع: استحقاقات
الاستقلال ودستور 1973

ولدت انتفاضة 1965، في حضن إقليمي وعربي ملتهب. تزامنت مع أحداث مفصلية في العالم العربي. كان هناك انتصار الثورة اليمنية عام 1962. ثم ثورة تشرين الأول/أكتوبر في اليمن الجنوبي عام 1963. وكما ذكرنا كانت هناك ثورة ظفار، في جنوب البلاد عام 1965، التي تحولت إلى جبهة شعبية أخذت على عاتقها مهمة "تحرير عُمان والخليج العربي". وضمت قياداتها عناصر بحرينية بارزة.

كان المشهد العام باختصار، من جهة، قوى تحرر عربية، مناهضة للاستعمار والتبعية، بزعامة القاهرة الناصرية، وأخرى رجعية مناهضة لكل أشكال التحرر والنهوض العربي، بزعامة المملكة العربية السعودية.

وصل الاحتقان إلى مداه، وكل الظروف كانت تبشر بشيء من التغير. وقد كشفت الثورات والأحداث هشاشة النظم الأسرية، وبدت وكأن التاريخ قد تجاوزها.

أمام جملة من المعطيات، لم تعد لدى بريطانيا القدرة على الإمساك بالوضع والاحتفاظ باستعمار هرم، وقد أدانه التاريخ. فقررت

وضع إستراتيجية جديدة، تستبدل حضورها المباشر، بنفوذ غير مباشر. وكل مؤسساتها وعدتها قائمة، ووكلاؤها موجودون.

وهكذا، أعلنت عام 1968، قرار انسحابها العسكري من شرق السويس عام 1971. وفعلاً، حصلت عُمان على استقلالها عام 1970، ومنحت كل من الإمارات العربية (ساحل عُمان سابقاً)، وقطر والبحرين، استقلالاً جماعياً عام 1971. ودخلت منطقة الخليج مرحلة جديدة من تاريخنا المعاصر.

لم تكن ثمة حكومات، بالمفهوم الحديث، في هذه البلدان قبل الاستقلال. أما في البحرين فكانت السلطة قبل الاستقلال مقسمة بين المقيم البريطاني وآل خليفة، ومجلس إداري يقوم ببعض المهام التنفيذية. وفي كانون الثاني/يناير 1970، تحول المجلس الإداري إلى "مجلس الدولة"، الذي قام بمهام مجلس الوزراء. كان مؤلفاً من آل خليفة وأعيان مقربين من النظام. أعيد تسميته بمجلس الوزراء لدى نيل الاستقلال عام 1971 (63). بالطبع، لم تر القوى الوطنية فيه استقلالاً حقيقياً، إلّا أنه أضحى واقعاً رسمياً لا بد من التعامل معه. تغير المشهد العام تماماً، تبدلت المعطيات السياسية جوهرياً، وكل ذلك استوجب تغيراً في طبيعة التعامل مع الحكومات الجديدة.

---

(63)   بيترسون (جون)، مرجع سابق ، ص93.

على هذا النحو بدأ النضال الديمقراطي يأخذ شرعيته الكاملة. وستكون مهمة كل القوى الوطنية إعادة صوغ العلاقة بين السلطة والمواطن. كانت مهمة بناء ثقافة المواطنة بدلاً من ثقافة الرعية الهم الأكبر.

ولئن أسقط مطلب التحرر من الاستعمار، وإسقاط الأنظمة الرجعية، التي رفعته القوى السياسية بعد هزيمة 1967، فإن مطالب حقوق المواطنة والمشاركة، والمساواة، تبقى من ثوابت الحياة. فلا تغير في ذلك. والحال، أن قبول القوى السياسية العمل الديمقراطي، من شأنه أن يفرض على الحكومات الجديدة الإقرار بمبدأ حق المشاركة. فلم يعد التفرد في الحكم مقبولاً في العصر الحديث. وفي المشاركة مكاسب للسلطة ذاتها. يعطيها الشرعية الدستورية المطلوبة. وأي إنجاز لمصلحة المواطن سيكسب السلطات صفتها المستجدة كحكومات وطنية مستقلة. فالشرعية التاريخية ليست أزلية أو مقدسة. ما هو أهم، هو، حتماً، شرعية التطور التاريخي، والشرعية الدستورية خاصة.

في مسعى جاد للإمساك باللحظة، والإفادة من استحقاقات الاستقلال، شكلت مجموعة من العمال، من المنتمين إلى الجبهة الشعبية وجبهة التحرير الوطني، وكذلك بعض الناشطين النقابيين المستقلين، لجنة أسمتها " اللجنة التأسيسية لاتحاد العمال والموظفين وأصحاب المهن الحرة". تقدمت اللجنة بطلب رسمي إلى الجهات الرسمية للحصول

على الموافقة. لم يكن المطلب الأول، إذ سبق وأن كان هنالك عدد من محاولات. وقد شكل فعلاً "اتحاد العمال البحريني" عام 1956، لكنه، كما رأينا، جرى حله مع حل الهيئة الوطنية. وتحول هو وكل القوى الوطنية الأخرى إلى العمل السري.

بعد مماطلات طويلة رفضت الحكومة الطلب. وسرعان ما ظهرت الأزمة السياسية على السطح. مباشرة أعلن العمال الإضراب العام في البلاد، ودام ما يقارب العشرة أيام. رافقت ذلك مسيرات احتجاج كبيرة. لكن في النهاية استطاعت السلطة قمع التظاهرات وإيقاف الإضراب، والسيطرة على الوضع.

ورغم فشل هذا التحرك في تحقيق مطالبه السياسية والنقابية، لكنه بالتأكيد فرض استحقاقات الاستقلال على الأجندة السياسية الرسمية. لا استقلال دون معالجة حقيقية للأزمات المتراكمة بأنواعها. ولم يعد ممكناً إدارة الوجه عنها، خاصة وأن البلاد، من جهة، دخلت مرحلة جديدة من تطورها السياسي، ومن جهة أخرى، يتمتع المجتمع البحريني بقوى فاعلة جداً في الحياة السياسية.

هكذا، أعلن الحاكم بتاريخ 20 تموز/يوليو 1972، إجراء انتخابات لمجلس تأسيسي لجهة إقرار مشروع الدستور، تولت إعداده لجنة حكومية. وفعلاً، في الأول من كانون الأول/ديسمبر، من العام نفسه، جرت الانتخابات. تم

انتخاب 22 عضواً من بين 58 مرشحاً، من قبل جمهور من الناخبين، يتألف من 27،000 رجل. عيّن الحاكم ثمانية أعضاء آخرين، إضافة إلى أعضاء الوزارة الاثني عشر، كأعضاء بحكم وظيفتهم. وأصبح عدد المجلس التأسيسي 42 عضواً (64).

كتابة الدساتير هي دائماً لحظة تاريخية. فمن شأنها إعادة بناء السلطة على أسس جديدة. هي لحظة إنتاج قواعد سياسية متقدمة في الفضاء السياسي والقانوني الوطني. هي لحظة الإجابة عن الأسئلة الكبرى. إلى أي درجة سيعكس أول دستور هوية الشعب البحريني؟ هل سيسهم في إعادة تصويب العلاقة بين المواطن والسلطة؟ هل سيتمكن من وضع الأسس لبناء دولة مؤسسات حديثة؟ هل سيضع الأسس الضرورية لبناء ثقافة المواطنة؟ هل سيتمكن الدستور من وضع قواعد لحكم عادل قادر على بناء السلم الأهلي؟ إلى أي مدى سيضع قواعد لصيانة الاستقلال الوطني؟

تمثلُ أمام البحرينيين تجربة الكويت التي تتمتع بدستور متقدم ونظام ديمقراطي، لطالما مثّلا نموذجاً لأهل الخليج كله. أمل البحرينيون أن يستوحي دستورهم روح الدستور الكويتي. لماذا لا، وهم يملكون الكثير من المشترك، الاجتماعي، والسياسي، والثقافي؟

يبقى أن الدستور هو نتاج فكر القائمين عليه. نتاج مرحلته

---

(64) بيترسون (جون)، مرجع سابق ، ص94.

والأهداف المبتغاة منه. لكن الإشكال الأول، فيما خص الدستور البحريني، أن الجهة المكلفة بصوغه لم تكن مستقلة تماماً. لم تتمتع بهامش واسع للعمل كما كان الأمر في الكويت. كانت محكومة بجملة من المعيقات والخطوط الحمر.

وعلى الرغم من أن جبهة التحرير الوطني والجبهة الشعبية أعلنتا مقاطعتهما لانتخابات المجلس التأسيسي، إلا أن عدداً من العناصر الوطنية المستقلة، وبعض الوجوه المحسوبة على تنظيم حزب البعث الموالي للعراق، شاركت في انتخابات المجلس. وتمكن بعضها من الوصول إلى مقاعده. ورغم غلبة الطابع الرسمي على المجلس إلا أنه ضم شخصيات وطنية مثل عبد العزيز الشملان، أمين عام الهيئة الوطنية عام 1956، أحد المنفيين إلى سانت هيلانة. ضم المجلس، أيضاً، وجوهاً وطنية مثل رسول الجشي وعلي سيار. كما شارك فيه بعض رجال الدين الشيعة.

من جانب آخر، عبرت القوتان السياسيتان، الجبهة الشعبية وجبهة التحرير، في موقف مشترك حيال المجلس التأسيسي ومهمته. إذ أكدتا على ضرورة أن يعبر المجلس عن إرادة الجماهير ليتمكن من أن يكون أداة شرعية لوضع دستور البلاد. وفي بيان أصدرته الجبهة الشعبية، عرفته " بالبرنامج المرحلي"، كررت فيه مطالب الحركة الوطنية المعروفة، وهي ضمان الحريات العامة، حرية الصحافة، حرية العمل النقابي. إطلاق سراح المعتقلين السياسيين، ورفع حالة الطوارئ

المفروضة على البلاد منذ عام 1956. كما دعت المجلس للأخذ في الاعتبار مسألتين أساسيتين: الأولى، إلغاء مبدأ التعيين والمناصفة في المجلس. والثانية، ضمان الحقوق السياسية للمرأة.

من جهتها، أصدرت جبهة التحرير، بياناً دعت فيه الحركات الوطنية إلى العمل المشترك، من أجل التمكن من تحويل الاستقلال، الذي وصفته بالشكلي، إلى استقلال حقيقي، وانتزاع الحريات الديمقراطية. لم تر الجبهتان في المجلس التأسيسي إلا أداة لتثبيت شرعية الحكم الحالي. توقعت أن تقوم الحكومة ذاتها بصياغة ووضع الدستور (65). بتاريخ 2 حزيران/يونيو 1973، أي بعد ستة أشهر من المداولات، أقر المجلس التأسيسي أول دستور للبلاد. عَرّف الدستور الحكم على أنه إمارة وراثية، وأقر أربعة مبادئ رئيسية: الشعب هو مصدر السلطات جميعاً، مبدأ فصل السلطات، التشريعية والتنفيذية والقضائية، سيادة القانون هي أساس الحكم في الدولة. إن استقلال القضاء ضمانة أساسية لحماية الحقوق والحريات. وإن المواطنين يتمتعون بحق المشاركة في الشؤون العامة والتمتع بالحقوق السياسية (66).

---

(65) موسى (حسين)، مرجع سابق ، ص 112-113.

(66) البرنامج السياسي ، المنبر الديمقراطي التقدمي،المنامة، مملكة البحرين 2005، ص11. انظر، وثيقة الإصلاح الدستوري ، المنبر الديمقراطي التقدمي، البحرين2007،، ص 6-7.

كانت تلك مبادئ دستورية أساسية هامة. بيد أنه بخلاف الدستور الكويتي، نص الدستور البحريني على أن الوزراء هم أعضاء أيضاً في المجلس الوطني، وذلك بحكم وظائفهم. بخلاف الدستور الكويتي، أيضاً، فإن الحكومة ليست ملزمة بتعيين أعضاء من المجلس الوطني في مجلس الوزراء. كما حرم الدستور المرأة من حقها في المشاركة في الحياة السياسية (67).

أقر الدستور أيضاً، حق الحاكم في تعيين أعضاء في المجلس. بهذه المواد لا يمكن اعتبار مبدأ فصل السلطات إلا مبدأً منقوصاً. كما أن مصداقية المجلس كسلطة تشريعية فاعلة ومستقلة قد تأثرت. علماً بأن مبدأ فصل السلطات هو الشرط الأول لبناء النظام الديمقراطي. ومع الفوارق الجوهرية بين الدستور الكويتي والبحريني، لا يمكن اعتبار الدستور إلا نقلة نوعية هامة في الحياة السياسية في البلاد. مع كل الملاحظات عليه، كان الدستور مكسباً حقيقياً للبحرين.

الحياة القصيرة للمجلس

في 7 كانون الأول/ديسمبر 1973، أجريت انتخابات أول مجلس وطني في البحرين. وقد تم انتخاب 30 نائباً. ودخلت البحرين مرحلة جديدة من تاريخها المعاصر. أخيراً

---

(67)   بيترسون (جون)، مرجع سابق ، ص 95.

تحقق ما كانت تناضل من أجله الهيئة الوطنية عام 1956. فما كان محرماً، آنذاك، أمسى مشروعاً بفضل العمل الدؤوب للوطنيين البحرينيين. بل أمسى مكسباً تتفاخر به الحكومة ذاتها. الواقع أنه لو قبلت الحكومة البحرينية مطالب الهيئة بتشكيل مجلس وطني منتخب حينها، لسبقت البحرين الكويت بتشييد ديمقراطيتها بخمسة عشر عاماً. والحال، أنه لم يكن الكل مقتنعاً بديمقراطية المجلس وأهدافه. إذ رفضت الجبهة الشعبية، وكانت، رغم عملها السري، قوة وازنة على الساحة، المشاركة في الانتخابات. مسجلة احتجاجاً على جملة من المسائل الدستورية. منها منح أعضاء الحكومة عضوية المجلس، لكونهم لا يمثلون الإرادة الشعبية. وكذلك، فيما خص منح المرأة حق المشاركة. وأكثر من ذلك، الإبقاء على حالة الطوارئ حتى بعد إعلان الاستقلال.

بالمقابل، فإن جبهة التحرير، وهي الأخرى قوة حاضرة، كانت أكثر مرونة، قررت، على عكس الجبهة الشعبية، المشاركة في الانتخابات. ورأت أن وجودها في المجلس أمر ضروري للتمكن من المشاركة في قراراته. وفعلاً دخلت الانتخابات وشكلت، مع بعض الشخصيات الوطنية المستقلة، "كتلة الشعب " داخل المجلس.

جدير بالملاحظة، أن كتلة الشعب قدمت مشروعاً وطنياً مبالغاً في طموحه، شمل الحريات العامة والنقابية: قانون

عمل جديد، إعادة النظر في الاتفاقيات النفطية كافة، إلغاء الامتيازات للشركات الأجنبية الخاصة، بحرنة الجهاز الإداري، التأكيد على حق المرأة في الانتخاب والترشح، إنهاء حالة الطوارئ، حظر التعذيب بأشكاله كافة، التأكيد على فصل السلطات، تطوير القضاء وإنشاء محكمة دستورية، وأخرى للتمييز. كما تطرق البرنامج إلى السياسة الخارجية. إذ أكدت على أن تبنى السياسية الخارجية وفق مصلحة البلاد العليا. كما أكدت على ضرورة أن ترسم السياسة في المجال القومي على أساس المصالح العليا للأمة العربية (68).

يخرج المتأمل لهذا البرنامج الوطني بالسؤال الآتي، كيف يمكن لهذا المجلس أن يحمل مشروعاً كهذا؟ كان التشاؤم مشروعاً. وكما كان متوقعاً، اصطدمت الكتلة الشعبية بكتلة الحكومة في المجلس، عند المحطات الرئيسية، عند تحديد مسار الإصلاح. فقد أعاق ممثلو الحكومة كل مشاريع القوانين التي قدمتها "كتلة الشعب". رُفض قانون العمل ومشروع قانون الصحافة، وطبعاً رُفض مشروع تأميم النفط. كما رُفضت مطالبة الكتلة بإلغاء القاعدة العسكرية الأمريكية في الجفير.

كان جلياً بأن ثمة مسارين، يمثلان رؤيتين على طرفي

---

(68)انظر كل التفاصيل، موسى، (حسين)، مرجع سابق ، الصفحات، 116-117-119.

نقيض. الأول يمثل الكتلة الشعبية، يحمل مشروعاً جاداً لبناء الدولة المستقلة الحديثة. وكان من شأن ذلك أن يقطع مع ماضي البلاد المضطرب، وينقلها إلى فضاء أرحب للحياة السياسية. ومسارٌ آخر يرى في الإصلاح الحقيقي وبناء الدولة الحديثة تنازلاً عن السلطة والنفوذ.

بعد دور انعقاده الأول، انتهزت السلطات العطلة الصيفية للمجلس، فقامت بإصدار مرسوم خاص بقانون أمن الدولة، منح وزارة الداخلية صلاحيات استثنائية في اعتقال وسجن المعارضين. وأجاز لوزير الداخلية إبقاء المعتقل ثلاث سنوات متواصلة في السجن دون محاكمة.

عند عرض المرسوم على المجلس، في دور الانعقاد الثاني، حاولت الحكومة تمريره عبر محاولة استمالة بعض الكتل فيه، خاصة الكتلة الدينية الشيعية، إلا أن الأعضاء وقفوا صفاً واحداً ضد المرسوم، ما حدا بالحكومة إلى التغيب عن جلسات المجلس لإبطال جلساته، والحيلولة دون التصويت ضد المرسوم. ثم جرى فض دور انعقاد المجلس. وفي 26 آب/أغسطس 1975، حل المجلس بمرسوم أميري، بحجة إعاقته لعمل الحكومة.

شلت الحياة الدستورية في البلاد، تلتها حملة اعتقالات واسعة ضد أعضاء الجبهتين: الشعبية والتحرير، بل إن الاعتقالات شملت بعض نواب كتلة الشعب، منهم محسن مرهون ومحمد جابر الصباح. ودخلت البحرين مرحلة أخرى

من دوامة القمع والعنف. وفعلاً، لقد قضى البعض تحت التعذيب.

مملكة البحرين

في 6 آذار/مارس 1999، تولى ولي العهد الشيخ حمد بن عيسى الحكم في البلاد خلفاً لوالده المرحوم الشيخ عيسى بن سلمان بن حمد. وقد دام عهده ثلاثة عقود. ورث الأمير مجتمعاً مثقلاً بالأزمات المزمنة والقضايا المؤجلة. بيد أن قدومه بشر بمرحلة جديدة.

كان لابد من أن يقدم العهد الجديد مقاربات وحلولاً جادة لمعالجة القضايا الداخلية المستعصية. وكذلك رؤية جديدة للتعاطي مع معطيات المتغيرات الجيوسياسية التي أفرزتها الثورة الإيرانية عام 1979. وقد وصلت موجاتها إلى الضفة العربية من الخليج. البحرين معنية على نحو مباشر بتلك التحولات، لأن ستين في المائة من شعبها هم من الشيعة. وسياسات الإقصاء، التي طبقتها الحكومات البحرينية المتتالية تجاههم، لم تؤد إلا إلى إنتاج التعصب والتطرف في وسط الطائفة. ولم تولد إلا ديمومة الصراع والعنف. إذ ظهرت، منذ نهاية الستينات، أحزاب شيعية متطرفة مثل "حزب الدعوة"، الذي كان في بداية تأسيسه، محاكاة

لحزب الدعوة في العراق. نشأ بفضل الطلبة البحرينيين، خرّيجي الحوزات الدينية في النجف الأشرف، تحت تأثير نظيره العراقي. ورغم أن الحزب وجه نشاطه في البداية، كما حزب الدعوة العراقي، لمواجهة نفوذ الأفكار الشيوعية واليسارية، إلا أنه، وتحت تأثير الثورة الإيرانية، سرعان ما غير إستراتيجيته.

بادرت السلطات البحرينية إلى اعتقال مجموعة من نشطائه وكوادره، وأغلقت مقر جمعية التوعية الإسلامية التابعة له. ونتيجة لذلك أعلن قادة الحزب حله رسمياً. لكن سرعان ما تفرعت عنه تنظيمات تحت مسميات مختلفة.

أبرز تلك التنظيمات "حركة أحرار البحرين"، التي ظهرت في التسعينات. بيد أن قادتها رفضوا الخيار الديمقراطي، واتخذوا من لندن مقراً لتحركهم الإعلامي والدعائي. ومن عباءة "حركة أحرار البحرين" انبثقت، أيضاً، "جمعية الوفاق الإسلامي"، التي قبلت باللعبة الديمقراطية، وشاركت في الانتخابات النيابية. وقد حصلت فعلاً على سبعة عشر مقعداً في البرلمان، وهو مؤشر كبير لشعبيتها. إلا أن قرار مشاركتها أدى إلى انشقاق مجموعة عرفت باسم "حركة حق"، عام 2004، رفضت الدخول في العملية الديمقراطية. فضلاً عن ذلك، ظهر في سبعينيات القرن الماضي التيار الشيرازي، وهو فريق من الإسلام السياسي الشيعي. وكما هو

حال حزب الدعوة، هو الآخر وجه نشاطه ضد التيار اليساري والديمقراطي، قبل أن يتوجه للعمل السري المعارض تحت اسم "الجبهة الإسلامية لتحرير البحرين".

عام 1980 اتهمت السلطات هذه المجموعة، بمحاولة لقلب نظام الحكم في البلاد. وأصدرت أحكاماً كبيرة بالسجن ضد نحو سبعين شخصاً من كوادر ونشطاء التنظيم. لكن مع دخول الإصلاحات السياسية في البلاد، نشطت هذه المجموعة تحت مسمى "جمعية العمل الإسلامي"، وهو الاسم نفسه الذي يعمل تحته التيار الشيرازي في العراق.

نظرة إلى هذه الخارطة للأحزاب والتنظيمات الشيعية في البلاد، كافية لتصور خشية الحكومة وقلقها. وفعلاً تشكل التنظيمات الشيعية، تحديداً، تهديداً حقيقياً للنظام السياسي في البلاد. في حين أن الحركات السياسية التقدمية مؤمنة بالنضال الديمقراطي. والحال إن السماح للقوى التقدمية بالعمل بشكل رسمي وعلني قد رمى إلى خلق شيء من التوازن السياسي في البحرين.

كانت الحركات الوطنية البحرينية ترى في إعادة تفعيل دستور 1973، الحل الأمثل لإخراج البلاد من مأزقها التاريخي. خاصة وأنه أكد على أن الشعب هو مصدر السلطات جميعاً. وأقر مبدأ فصل السلطات (69). كانت

---

(69) أنظر البرنامج السياسي للمنبر الديمقراطي التقدمي، مرجع سابق ، ص11

الحكومة تعاني مأزقاً حقيقياً بين القبول بفكرة تفعيل دستور 1973، وبالتالي فتح الباب واسعاً لسيطرة المعارضة، والشيعية خاصة، كأغلبية في المجلس، أو إدخال تعديلات تحد من نفوذ وقبضة المعارضة الشيعية. لكن الخيار الأخير من شأنه أن يفرغ مشروعها الديمقراطي من مضامينه الحقيقية. أمر لن تقبله كل القوى. لقد كانت معادلة صعبة. في السابع من شباط/فبراير 2001، أقدم الأمير على خطوة تاريخية لطالما حلم بها البحرينيون كثيراً. إذ أعلن العفو العام، غير المشروط، عن المعتقلين والمبعدين السياسيين، وحق جميع (البدون) في الحصول على الجنسية، والمساواة بين جميع المواطنين بإلغاء نظام المراتبية في الجنسية. وألغى قانون ومحكمة أمن الدولة. وقد حدد يومي الرابع عشر والخامس عشر، للتصويت الشعبي على الميثاق (70). شهدت البحرين أعراساً حقيقية بخروج الآلاف من المعتقلين والسجناء السياسيين، وعودة المبعدين من المنافي، رافق ذلك لقاءات شعبية بين البحرينيين وحاكمهم. مثلت هذه الخطوة رغبة حقيقية بطي صفحات الماضي وفتح صفحة جديدة من تاريخ البحرين المعاصر (71).

---

(70)النعيمي (عبدالرحمن)، البحرين- الأزمة الدستورية، دار الكنوز الأدبية، بيروت، 2004، ص20.

(71) المرجع نفسه ، ص21.

سار العهد الجديد خطوة كبيرة في تاريخ البحرين المعاصر. وكانت روح مصالحة تاريخية. وتبددت كل الشكوك في سعي الحكومة لإدخال الديمقراطية في البلاد.

وانسجاماً مع مقتضيات بناء الحياة الديمقراطية، تحولت القوتان الرئيسيتان، الجبهة الشعبية وجبهة التحرير، خلال عامي 2001-2000، إلى تجمعات سياسية علنية. فقد تحولت جبهة التحرير الوطني إلى " المنبر الديمقراطي التقدمي" يتزعمه الدكتور حسن مدن. وتحولت الجبهة الشعبية، إلى " جمعية العمل الوطني الديمقراطي" وأمينها العام إبراهيم الشريف.

في شباط/فبراير 2001، أمر الأمير بتشكيل لجنة لإعداد مشروع ميثاق للعمل الوطني. وقدم لها مسودة الميثاق. وقد ورد في المسودة اقتراح بتشكيل مجلس شورى معين في التعديلات الدستورية المزمع إدخالها على دستور 1973. والحال، أنه بقدر ما بشر مشروع الميثاق بإخراج البلاد من محنتها، أثار خشية القوى السياسية من إحلال الميثاق الوطني محل دستور 1973، وهو الوثيقة المرجعية في البحرين. أو أنه يهيئ لتغير في جوهر الدستور. وفعلاً شكلت لجنة لإدخال تعديلات في دستور 1973، ارتآها الأمير ضرورية لمشروعه الإصلاحي.

في مسعى لتبديد هواجس البحرينيين، أعطى الأمير تأكيداته بأن الأولوية ستكون للدستور على الميثاق. وفعلاً تم التصويت على الميثاق وحصل على 98% من الأصوات.

ومهما يكن الغرض من وضع ميثاق العمل الوطني للتصويت الشعبي، عبر هذا الأمر، وهو جديد على الثقافة البحرينية، عن مبايعة شعبية للأمير ومشروعه الإصلاحي.

بعد عام، وفي الذكرى الأولى للتصويت على الميثاق، أعلن الأمير ولادة الدستور الجديد، الذي تحولت بمقتضاه إمارة البحرين إلى مملكة، وتحول الأمير إلى ملك. أعلن الملك، إذن، ولادة المملكة الدستورية. بيد أن الدستور الجديد تضمن تغييراً جوهرياً. فقد أقر إعادة تشكيل مجلس وطني بغرفتين: مجلس تشريعي منتخب من أربعين عضواً، وآخر استشاري، من أربعين عضواً أيضاً، معيناً من الملك. كما يحق للملك وحده تعيين أعضاء المحكمة الدستورية. ويحق له كذلك إحالة مسودات القوانين إليها قبل عرضها على المجلس الوطني (72).

من المنظور الدستوري، لا يمكن لهذه التعديلات الجديدة إلا أن تمس بمبادئ جوهرية في دستور 1973. منها تقويض مبدأ فصل السلطات، وتضييق مساحة السلطات التشريعية للمجلس المنتخب. وفي ذلك انتقاص من جوهر العملية الديمقراطية. وتلك أمور من شأنها أن تدخل البلاد في أتون مأزق جديد. وما من أحد يمكن أن يتنبأ بما يمكن أن تؤول إليه أوضاع البلاد إذا لم تتمكن المملكة، مع القوى

---

(72) المرجع نفسه ، ص 22.

السياسية الديمقراطية، من إيجاد حلول جادة تجنب البلاد أزمات جديدة.

كل شيء، في نهاية المطاف نتاج بيئته وظروفه. ولئن كتب الدستور الكويتي عام 1962، في زمن كانت الأمة العربية تعيش حالة نهوضها القومي، وكسبت الكويت دستوراً أرسى دعائم نظامها، وضمن استقرارها، فقد عُدل دستور البحرين عام 2002، في جو ملبد بالمذهبية والطائفية، ولذلك خرج متراجعاً عن دستور 1973.

يبقى التأكيد، أن المكتسبات الديمقراطية السياسية، كحرية العمل السياسي والنقابي العلني، حريات التعبير، والصحافة، التي حققتها مملكة البحرين في عهدها الجديد، هي مكتسبات وطنية تاريخية لا يمكن التقليل من أهميتها أبداً، لقد خلقت من المجتمع البحريني مجتمعاً حقيقياً. والديمقراطية إلى جانب كونها قيمة ثقافية، هي أيضاً هدف ووسيلة. ولا يصحح المسار الديمقراطي ويدفعه إلى الأمام إلا الديمقراطية ذاتها.

الخاتمة

ثمة جملة من الدروس السياسية والثقافية يمكن استخلاصها من المسار الإصلاحي الديمقراطي في الكويت والبحرين. الأول يكمن فيما قدمه من فكر وطني تحرري، ديمقراطي، ونهوضي مبكر. والثاني، يحيل إلى حقيقة أن الحركات الديمقراطية الخليجية لم تستورد فكرها، ولم تستوح تصورها لديمقراطيتها الوطنية، من الخارج. ولم يكن الفكر الإصلاحي الديمقراطي إلا نبتة طبيعية أصيلة أفرزتها الثقافة الوطنية التقليدية الخصبة. كانت محاولة إجلاء هذه الحقيقة الهامة مسألة مركزية في هذا العمل.

إن حق المشاركة، عُرف اختيار الحاكم، عُرف مبايعته، أي عملية التفويض، كلها من ثوابت الثقافة الوطنية التقليدية لشعوب المنطقة بصفة عامة. هذه الخلفية الثقافية هي التي ولدت الفكر الإصلاحي، وشرعت المطالب الديمقراطية في القرن العشرين.

الفرضية العامة هنا، هي أن التزاوج بين ثقافة المشاركة القبلية التقليدية، ومبادئ الشورى الإسلامية، المفترض أن تكون إلزامية، لا يمكن أن تستولد ثقافة

الاستبداد. بهذا المعنى فإن الفكر الاستبدادي دخيل على الثقافة الوطنية. هذا لا يشمل بالطبع الحالة السعودية الخاصة.

الدرس الآخر هنا، يحيل إلى علاقة الثقافة بالسياسة، ونهوض الشعوب الخليجية وتقدمها. حيث ساهمت الثقافة التقليدية، كما رأينا، في صوغ المسار الوطني. لقد كانت المحرك الداخلي للبناء الديمقراطي. وكانت مسوقة، بالضرورة، بأن تؤسس لنظم سياسية محصنة بالتفويض التقليدي وتتمتع بالشرعية السياسية. بل كان من شأن هذا السياق الطبيعي أن يؤسس لبناء نظم ديمقراطية أصيلة، ومجتمعات مستقرة وناهضة في الخليج العربي.

فضلاً عن ذلك، إن إرباك الصيرورة الثقافية، مع دخول العامل الكولونيالي على المشهد الخليجي، وضع حداً للسيرورة السياسية الطبيعية. فبعد أن فرض نفوذه المطلق على المنطقة، وصوغه تحالفات محكمة مع حكام المنطقة، أخل بالبناء الاجتماعي الخالق للفضاء الثقافي. ومن ثم أفرغ الثقافة التقليدية من ثوابتها، وشل، بالتالي، دورها كراسم ومحرك للتاريخ الوطني. والأكبر من ذلك، أن الكولونيالي استولد، بشكل قسري، نظم الاستبداد والتسلط، الغريبة على ثقافة المنطقة. كان هو المولد الحقيقي لثقافة الاستبداد.

* * *

تمثل الكويت مختبراً خليجياً حياً لدراسة حالة التفاعل بين الإرث الثقافي السياسي التقليدي والتطور السياسي الحديث. كيف أنتج الثقافي السياسي؟ كيف ولدت الكويت الحديثة الديمقراطية من رحم الإرث الثقافي التقليدي؟ من قاد الاستمرارية؟ إنها مختبر حقيقي لرؤية تطور الفكر الإصلاحي ووصوله إلى ذروته بوضع أول دستور للبلاد، بعد الاستقلال عام 1961، ومن ثم انتخاب البرلمان الكويتي عام 1962.

محطات هامة مر بها المسار السياسي الكويتي منذ ولادة المجلس الأول عام 1921. إذ ثبتت الأسس والمبادئ الرئيسية للثقافة السياسية الوطنية. منها، الأمة هي مصدر الشرعية، مبدأ حق اختيار الحاكم، حق المشاركة في الحكم، وأخيراً مبدأ فصل السلطات. وكلها مبادئ ديمقراطية أساسية صاغت ثقافة المشاركة وحضنت المواطنة. وتحولت فيما بعد إلى مواد حقوقية وقانونية سيحفظها الدستور الوطني الكويتي.

الخلاصة، كما يقدمها لنا المسار الكويتي، هي أن كل أصيل، مسوق بأن ينمو ويتطور لو تمت المحافظة عليه وتفعيله. هكذا، أفضى هذا التراث التقليدي، بفضل الوطنيين الكويتيين الأوائل، إلى ولادة دولة الكويت الحديثة.

* * *

ولئن مثلت الكويت مختبراً لتفاعل الثقافي والسياسي، يمكن اعتبار البحرين مختبراً لنضال سياسي وطني قل نظيره على الساحة الخليجية. لقد خلق هذا الحراك السياسي والثقافي المتواصل من المجتمع البحريني مجتمعاً حياً وحقيقياً. مجتمعاً مميزاً. المسار الإصلاحي البحريني لا يختلف كثيراً عن المسار الكويتي. خاصة وأن التركيبة الاجتماعية واحدة والسياسية كذلك. والكولونيالي هو ذاته. لكن قبضته على البحرين كانت محكمة ومطلقة. وكان بالتالي الصراع مريراً.

يبقى أن ثمة فارقاً جوهرياً في الثقافة السياسية. إذ إن القيم والأعراف التي ضبطت إيقاع الحكم والشرعية في الكويت، لم تكن حاضرة في الحياة السياسية البحرينية. ويعود ذلك إلى عاملين تاريخيين. لنتذكر أن القبائل الكويتية هي التي رشحت إحدى الشخصيات من عائلة الصباح ليحكم البلاد. بل التزمت بدعمه مادياً. هكذا تأسست الأرضية لثقافة المشاركة. في حين أن عائلة خليفة أخذت الحكم بالقوة. كان لهذين الحدثين المؤسسين تأثير كبير في تاريخ وثقافة البلدين حتى يومنا هذا. ومع ذلك ستخط البحرين مسارها الوطني الإصلاحي الخاص. وظل البحرينيون يتطلعون إلى المستقبل بروح متأهبة.

من جهة أخرى، أتت ثورة عبد الناصر عام 1952،

لتنفخ الروح القومية في نفوس الشعوب الخليجية، وتمنحهم طاقة معنوية كبيرة. وسرعان ما استفاقت الشعوب الصغيرة، مشتتة الهوية والانتماء، الغارقة في ثقافة المحميات، على هويتها القومية. وكان من شأن الوعي بالذات أن يعزز نضال الوطنيين في الخليج.

* * *

لقد رأينا جلياً كم كان عامل الثقافة الوطنية في التأسيس للفكر الديمقراطي حاسماً. إنها ظاهرة تستحق التأمل الجاد. كان الفكر الديمقراطي الخليجي أصيلاً، والفعل السياسي والثقافي جاداً. ومن المنطقي الاعتقاد بأنه لولا العامل الكولونيالي، لتمكنت الشعوب الخليجية من إيجاد صيغة اتفاق مع حكامها للمشاركة في الحكم عبر مجالس وطنية منتخبة. والدليل ما رأيناه من وفاق بين حاكم الكويت والأعيان عام 1921، وقد تكرر الأمر إبان تجربة الكويت الكبيرة الثانية عام 1938. وكان يمكن أن يتكرر الأمر في البحرين عام 1923.

احتاجت الكويت إلى أربعين عاماً للتخلص من ثقافة الرعية وبناء ثقافة المواطنة الحقيقية، عبر تشييد ديمقراطيتها المميزة. ولم تبدأ البحرين بخطواتها الجادة إلا بمجيء الملك حمد بن عيسى عام 1999. ويعود الفضل في تقدم التاريخ

إلى النضال الطويل للوطنيين الكويتيين والبحرينيين وتضحياتهم.

ولئن أثبت التاريخ دائماً فشل سياسات القمع والإقصاء، وعقم نظم الاستبداد، فإنه بالمقابل، أكد على نجاح النظم الدستورية والمشاركة. هي نظم المستقبل، وكل الباقي من الماضي. فلا تقدم أو نهوض دون تشييد نظم سياسية حديثة. هكذا يمثل التطور السياسي إطاراً عاماً لكل صنوف التطور الأخرى.

المصادر

أولاً - العربية

* أبو حاكمة (أحمد مصطفى)، تاريخ الكويت الحديث 1163-1385 ه ، 1750-
1965م، دار ذات السلاسل، الكويت، 1984.

* الباكر (عبد الرحمن)، من البحرين إلى المنفى، دار الكنوز الأدبية، بيروت، 2002.

*   ، الأوضاع السياسية في البحرين والأحداث الأخيرة فيها، دار ليلى،لندن، 2007.

* البحارنة (حسين محمد)، دول الخليج العربي الحديثة: علاقاتها الدولية وتطور
الأوضاع السياسية والقانونية والدستورية فيها، شركة التنمية والتطوير، بيروت، 1973.

* بلجريف (تشارلز)، ساحل القراصنة، ترجمة مهدي عبدالله الرسول، فاروق أمين
أحمد، دار الخيال، بيروت، 2006.

* بن علي (سيف)، قضايا التحرر والديمقراطية في البحرين والخليج، دار الفارابي،
بيروت، 1980.

* بولوك (جون)، الخليج، ترجمة دهام موسى العطاونة، دولوكس برينترز، لندن، 1988.

* بيترسون (جون)، دول الخليج العربية: خطوات نحو المشاركة السياسية، ترجمة دهام موسى العطاونة، د. أ. بوبليكايشنز، لندن، 1989.

* التون (ريتشارد)، كسب السلام في الخليج: رؤية من منظور بعيد المدى، ترجمة حسين موسى، دار الكنوز الأدبية، بيروت، 1994.

* ثيسجر (ويلفرد)، الرمال العربية، ترجمة ابراهيم مرعي، مطبعة راشد، عجمان، (دون تاريخ).

* جحا (شفيق)، الحركة العربية السرية: جماعة الكتاب الأحمر 1935-1945، دار الفرات، بيروت، 2004.

* حجلاوي (نور الدين بن الحبيب)، تأثير الفكر الناصري على الخليج العربي 1952-1971، مركز دراسات الوحدة العربية، بيروت، 2003.

* حميدان (أحمد)، هيئة الاتحاد الوطني في البحرين: ولادة الحركة الوطنية الجديدة، دار الكنوز الأدبية، بيروت، 2004.

* الخطيب (أحمد)، الكويت: من الإمارة إلى الدولة، ذكريات العمل الوطني والقومي، المركز الثقافي العربي، المغرب، بيروت، 2007.

* الخوري (فؤاد اسحق)، القبيلة والدولة في البحرين: تطور نظام السلطة وممارستها، معهد الإنماء العربي، بيروت، 1983.

* الرشيد (يعقوب عبد العزيز)، الكويت في ميزان الحقيقة والتاريخ، (دون دار)، 1963.

* الرميحي (محمد)، البحرين: مشكلات التغيير السياسي والاجتماعي، دار ابن خلدون، بيروت، 1976.

* ، الجذور الاجتماعية للديمقراطية: في مجتمعات الخليج العربي المعاصرة، دراسات في شؤون الخليج والجزيرة العربية، الكويت، (دون تاريخ).

* الريحاني (أمين)، ملوك العرب، الجزء الأول، دار الجيل، بيروت، (دون تاريخ).

* سعودي (محمد عبد الغني)، ايران: دراسة في جذور الصراع، دار القبس، (دون تاريخ).

* سعيد (أمين)، الخليج العربي: في تاريخه السياسي ونهضته الحديثة، دار الكاتب العربي، بيروت، (دون تاريخ).

* الشهابي (سعيد)، البحرين: 1920-1971 قراءة في الوثائق البريطانية، دار الكنوز الأدبية، بيروت، 1996.

* صالح (علي)، الشهابي (غسان)، أحمد عبد الرحمن الزياني: سنوات التحدي، (دون دار) 2005.

* العبيدي (ابراهيم خلف)، الحركة الوطنية في البحرين 1914-1971، دار ليلى، لندن، 2004.

* العكري (عبد النبي)، الإصلاح المتعثر ، دار فراديس، البحرين، 2008.

* فانون (فرانز)، العام الخامس للثورة الجزائرية، ترجمة ذوقان قرقوط، دار الفارابي، بيروت، 2004.

* ، لأجل الثورة الأفريقية، ترجمة ماريا طوق، ديالا طوق، دار الفارابي، بيروت، 2007.

* الفلكي (يوسف)، قضية البحرين، البحرين، (دون تاريخ).

* الكبيسي (باسل)، حركة القوميين العرب، مؤسسة الأبحاث العربية، بيروت، 1985.

* المديرس (فلاح عبد الله)، المجتمع المدني والحركة الوطنية في الكويت، دار قرطاس، الكويت، 2000.

* ، الحركة الدستورية في الكويت، دار قرطاس، الكويت، 2002.

* مقلد (اسماعيل صبري)، أمن الخليج وتحديات الصراع الدولي ، الربيعان للنشر والتوزيع، الكويت، 1984.

* موسى (حسين)، سيرة القمع في البحرين ، (دون دار)، 1984.

* ، البحرين: النضال الوطني والديمقراطي 1920-1981، الحقيقة برس1987.

* النجار (غانم)، مدخل للتطور السياسي في الكويت، دار قرطاس، الكويت، 2000.

* النجار (باقر سلمان)، الديمقراطية العصية في الخليج العربي ، دار الساقي، بيروت، 2008.

* النعيمي (عبد الرحمن محمد)، البحرين: جمعية العمل الوطني الديمقراطي، دار الكنوز الأدبية، بيروت، 2002.

* النقيب (خلدون)، صراع القبلية والديمقراطية: حالة الكويت، دار الساقي، بيروت، 1996.

* هوليداي (جون)، النفط والتحرر الوطني في الخليج العربي وايران، ترجمة زاهر ماجد، دار ابن خلدون، بيروت، 1975.

ثانيا - الأجنبية

* Al Sabah (Salem Al Jabir), les Emirats du Golfe : histoire d'un puople, Fayard, Paris, 1980.

* Djalili (Mohammad-Reza), Le Golfe Persique : problèmes et perspectives, Dalloz, Paris, 1978.

* Ghaouti (Suad), Les Emirats Arabes Unis vers une nouvelle expérience fédérative, Harmattan, Paris, 1984.

* Grawitz (Madeleine), Méthodes des sciences sociales, Dalloz, Paris, 1986.

* Gresh (Alain), Vidal (Dominique), Golfe clefs pour une guerre annoncée, Le Monde, Paris, 1991.

* Heard-Bey (Frauke), From Trucial states to United Arab

. Emirates, Longman group, London and New York, 1982

* Humaidan (Ali), les princes de l'or noir, futuribles, Paris, 1974.

* Kodmani (Bassma), quelle sécurité pour le golfe?, IFRI, Paris, 1984.

* Lacoture (Jean), Nasser, Seuil, Paris, 1971.

* Mansfield (Peter), a history of the Middle East, Viking, England, 1991.

* Prelot (Marcel), Lescuyer (Georges), Histoire des Idées Politiques, Dalloz, Paris, 1990.

* Zahlan (Rosemarie Said), the origins of the United Arab Emirates: a political and social history of the Trucial states, the Macmillan press, 1978.

ثالثاً - مصادر أخرى

* مذكرات خالد سليمان العدساني، (غير منشورة).

* أحداث نوفمبر- ديسمبر في البحرين، لجان مناصرة الشعب البحريني في الولايات المتحدة، 1979.

* البحرين: انتفاضة مارس 1965، الجبهة الشعبية في البحرين، لجنة مناصرة الثورة العُمانية في ديترويت، 1978.

* وثيقة الإصلاح الدستوري، المنبر الديمقراطي التقدمي، البحرين، 2007.

* أحمد الذوادي يتذكر، المنبر الديمقراطي التقدمي، البحرين، 2007.

* البحرين: الحركة الدستورية في الصحافة العالمية، دار الوحدة، 1999.

* آفاق التحول الديمقراطي في البحرين، نادي العروبة، البحرين، 2002.

* عام الإصرار والصمود: يوميات الانتفاضة الدستورية في البحرين ديسمبر 1995- نوفمبر 1996، حركة أحرار البحرين الإسلامية، لندن.

* مجلة دراسات الخليج والجزيرة العربية، العدد 4، الكويت، 1975.

* Massa (A), Le Régime Parlementaire a Kuwait, En Terre d'Islam. Premier trimestre, 1939.

رابعاً - الوثائق البريطانية

* FO 371/ 120540, general report on events in the Persian Gulf, 1955, p.15.

* FO 371/ 120540, general report on events in the Persian Gulf, 1955, p.13.

* FO 371/ 120571, report addressed to the foreign office regarding the repercussions of the Suez Canal dispute.

* FO 371/ 120571, British embassy, Tehran, December 8, 1956.

* FO 371/ 120571, cabinet office.

* FO 371/ 120618, protection of oil areas in Kuwait.

* FO 371/ 120618, Suez circulation, chiefs of staff committee, September 18, 1956.

* FO 371/ 120618, from Bahrain to foreign office, May 9, 1956.

* FO 371/ 120618, from Bahrain to foreign office, August 25, 1956.

* FO 371/ 120924, Anglo-American talks.

* FO 371/ 120555, British residency, Bahrain, September 17, 1956.

* FO 371/ 120555, from Kuwait to foreign office, October 29, 1956.

* FO 371/ 120555, from Bahrain to foreign office, October 29, 1956.

* FO 371/ 120555, British residency Bahrain, September 15, 1956.

* FO 371/ 120555, British residency Bahrain, September 3, 1956.

* FO 371/ 120555, from Bahrain to foreign office, September 7, 1956.

* FO 371/ 120555, from Kuwait to foreign office, August 15, 1956.

* FO 371/ 120555, political agency, Doha, August 18, 1956.

* FO 371/ 120555, British residency, Bahrain, August 20, 1956.

* FO 371/ 120555, from Bahrain to foreign office, August 16, 1956.

* FO 371/ 120555, from Kuwait to foreign office, August 15, 1956.

* FO 371/ 120555, from Bahrain to foreign office, August 11, 1956.

* FO 371/ 120650, petrol for the Arabs is both wealth and a weapon, September 7, 1956.

* FO 371/ 132526, Suez.

* FO 371/ 132563, Arabian Gulf, November 27, 1958.

* FO 371/ 120619, from Bahrain to foreign office, November 24, 1956.

* FO 371/ 120619, Persian Gulf operation instruction.

* FO 371/ 120617, Egyptian subversion in the Persian Gulf.

* FO 371/ 120561, Egyptian influence in the Persian Gulf.

* FO 371/ 120561, British residency Bahrain, December 24, 1955.

* FO 371/ 120561, British residency Bahrain, April 14, 1956.

* FO 371/ 120561, Bahrain, July 17, 1956.

* FO 371/ 114596, political agency, Kuwait, April 26, 1955.

* FO 371/ 114596, British residency, Bahrain, June 20, 1955.

* FO 371/ 120552, British embassy Tehran, April 3, 1956.

* FO 371/ 120552, Iranian claim to Bahrain.

* FO 371/ 120552, secretary of state.

* FO 371/ 126900, enclosure n.1 of Sir Bernard Burrow's Dispatch n.16, February 1, 1957.

* FO 371/ 126923, British embassy, Bagdad, January 4, 1957.

* FO 371/ 126923, United Kingdom position in the Persian Gulf, January 7, 1957.

* FO 371/ 126951, position of the British naval, military, and air forces in the Persian Gulf states.

المحتويات

الفصل الثاني

البحـــرين

المجتمع الحقيقي

الجذور الثقافية للديمقراطية في الخليج